Paletó e eu

Aparecida Vilaça

Paletó e eu

Memórias de meu pai indígena

todavia

Eu senti que escrever é quase como fazer essas pessoas vivas novamente. Você as traz de volta de um jeito que outras pessoas podem conhecê-las e compreendê-las enquanto seres humanos.
Patti Smith

Agradecimentos 9

1. A morte sem canibalismo 11
2. O encontro 23
3. O irmão queixada 39
4. As casas 48
5. Escapando da morte pela primeira vez 69
6. O primeiro branco e outras guerras 80
7. A pedra do machado, o sonho com Paris
e a casa dos solteiros 84
8. A sogra onça 91
9. As esposas 97
10. Escapando da morte pela
segunda vez: o massacre 103
11. A noiva enfeitiçada e o veneno nas casas 110
12. Encontrando os brancos 114
13. Sexy 120

14. A conversa com o bispo e os
equívocos do contato 126
15. As epidemias 133
16. Guajará-Mirim, Brasil 137
17. Encontrando os missionários 142
18. Na terra dos padres 146
19. Virando crente 152
20. Uma rodoviária, dois aeroportos
e uma coxa de titânio 159
21. Onde a água se encontra com as nuvens
e os homens-peixe 163
22. Os animais que são gente, a grande pedra
e os ossos dos mortos 174
23. O povo escorregadio e a grande televisão 178
24. Fazendo parentes 183
25. A despedida 188

Agradecimentos

Agradeço aos meus primeiros leitores: André Vilaça, Beatriz Albernaz, Beto Barcellos, Carlos Fausto, Claudia Fares, Daniel Willmer, Fabienne Wateau e Francisco Vilaça. Ao Rafael Cariello e à revista *piauí*. Ao Flávio Moura, pelo acolhimento, e ao Mia Couto, pelas belas palavras. Aos Wari', sempre.

As minhas estadias entre os Wari' foram apoiadas pela instituição em que trabalho, a Universidade Federal do Rio de Janeiro, assim como pela Funai de Guajará-Mirim e pelas agências de fomento CNPq, Faperj, Capes, Wenner-Gren Foundation e John Simon Guggenheim Foundation.

I.
A morte sem canibalismo

Muitas vezes, desde que o via ficando mais e mais velho, me peguei pensando se seria capaz de chorar a sua morte do jeito que os Wari' fazem, com um canto em que se alternam crises de choro e uma fala cantada que celebra o morto. Quem vela se lembra, nesse canto, de episódios comuns, do que comeram juntos, dos cuidados que trocou com o morto durante a vida. Algumas pessoas, ao me verem ao seu lado, talvez reparando o meu olhar carinhoso em direção ao homem que havia me adotado como filha, pensavam o mesmo, e me perguntavam se eu estaria lá quando ele morresse.

Não estou. Ele morreu no interior de Rondônia e eu continuei aqui, tentando imaginar o seu corpo, os fios de barba brancos soltos no queixo, os braços fortes. Lembro de cada um desses detalhes com muita nitidez e não consigo imaginar nenhuma dessas partes sem vida. Elas se mexem, brilham, falam comigo.

Não importa a idade, talvez mais de 85 anos, o seu fim foi repentino para mim, mesmo diante da crescente debilidade que a doença de Parkinson lhe causava. Estava bem, comia milho com prazer, andava, disse-me sua filha Orowao Karaxu, minha irmã mais velha, com quem ele viveu nos últimos meses, na aldeia chamada Linha 26, a cerca de trezentos quilômetros da capital do estado, Porto Velho. Ao que parece, comeu uma carne estragada, adoeceu, desidratou-se e foi levado ao hospital da cidade de Guajará-Mirim pelo genro de Orowao. Chegou lá muito fraco. Pediu que me telefonassem, mas alguém sugeriu que deixasse para o dia seguinte, quando ele pudesse falar melhor. Paletó entrou em coma naquela mesma noite, com insuficiência renal, e morreu vinte e quatro horas depois, no mesmo hospital. Nunca mais nos falamos.

Talvez seja melhor dizer de outra forma: nunca mais ouvi a sua voz. Pois tenho a esperança de que ele tenha ouvido a minha, por meio do celular que pedi ao médico, o meu amigo Gilles de Catheu, o Gil, para segurar sobre o seu ouvido. Não sabia bem o que dizer, mas o que me ocorreu foi falar em wari' (a única língua que ele compreendia) que eu estava pensando nele, sentindo a sua falta, que queria que ele aguentasse firme, que fosse forte, que meus filhos, seus netos, Francisco e André, estavam ao meu lado, também pensando nele. Gil me disse que ele não se moveu e não fez sinal algum de que tenha me ouvido, mas espero que a minha voz tenha chegado a ele.

Quem sabe — imagino agora — a sua fala tenha vindo, na verdade, antes da minha, pois na noite em que foi internado, sem que eu soubesse de nada ainda, sonhei com ele. Estava bonito e jovem, forte como sempre, com todos os dentes. Falava com a clareza de antes de ter adoecido. No sonho, eu me dizia admirada de seu estado jovem, e ele sorria orgulhoso. Quem sabe já era o seu duplo que havia chegado até mim, em sua forma jovem que vai habitar o mundo dos mortos, tradicionalmente situado, para os Wari', debaixo d'água, no fundo dos rios — ou, desde que se tornaram evangélicos, no céu.

Acordei feliz com o sonho da noite, em que Paletó me apareceu jovem e saudável, pensando que nesse janeiro de 2017 fazia exatamente um ano que não o via, e que queria logo vê-lo novamente. No primeiro movimento depois de me levantar, ao abrir o celular, encontrei a mensagem de WhatsApp da Preta, funcionária da Funai e amiga de longa data, dizendo que infelizmente Paletó estava muito mal no hospital. Foi então que começaram as muitas ligações e mensagens, com informações detalhadas sobre o seu estado de saúde.

Recebi uma foto, na qual pude vê-lo sobre um colchão azul de plástico. Tinha a cabeça apoiada em panos enrolados e estava coberto com uma manta estampada de vermelho, sob a qual se via que as pernas estavam abertas, com os joelhos afastados e os pés aproximados, bem do jeito que ele gostava de dormir. Não tinha a dentadura na boca e por isso os seus lábios estavam afundados. "Ele que não gosta de ficar sem a dentadura!", pensei, e depois fui saber, pela enfermeira, que a haviam removido para que ele não se engasgasse. Mais tarde, ao tratar do enterro pelo telefone, pedi que a recolocassem. Espero que o tenham feito.

Recebia informações que eu não sabia decifrar, mas que pareciam assustadoras, e liguei para um amigo médico no Rio. Queria saber o que significavam as taxas de ureia e creatinina "altíssimas". Outras eram facilmente compreensíveis, como o fato de ele ter urinado somente cinquenta mililitros em vinte e quatro horas e, ainda por cima, com sangue. Gil, ao telefone, resumiu o quadro: estava em coma. Mas seu pulso batia forte, ele disse em seguida. Eu sabia que Paletó lutava. Já havia sobrevivido a tantas guerras, a epidemias variadas, visto tanta gente adoecer e morrer ao seu redor, que um dia, em minha última visita a ele, no final de 2015, me disse que eu não devia me preocupar com a sua saúde, porque ele "não sabia morrer". Consegui o telefone das enfermeiras do hospital, fui tendo notícias mais detalhadas, dentre elas o fato de terem indicado uma hemodiálise em certo momento do dia, logo depois descartada por envolver a necessidade de uma viagem a Porto Velho, o que significava ter que passar cerca de quatro horas em uma ambulância. Na minha aflição a distância, ainda tentei convencer algumas pessoas, inclusive minhas irmãs, de que pensassem sobre essa possibilidade, que essa talvez fosse a única chance de ele sobreviver. Orowao, a mais velha, se mostrou em dúvida, e Ja, a caçula, foi veemente: não vamos levá--lo. Ela estava certa, pois foi quem estava ao lado dele algumas horas depois quando, saindo do coma, se sentou na cama, chamou pela filha Orowao, deitou-se novamente e morreu. Segundo Ja, às três da madrugada. Segundo o genro de Orowao, às cinco da manhã.

Foi com a mensagem dele, Julião, que eu acordei, às sete: Paletó faleceu. Difícil acreditar. Ainda o é hoje, um dia depois, quando começo a escrever este relato. Só consigo pensar nele vivo, tão vivo como sempre foi. O celular de Julião me levou à minha irmã mais nova, Ja, que então me colocou em meio ao canto fúnebre, tão conhecido por mim, mas tão estranho agora que me via impelida a participar como filha. Ja cantava e soluçava. Em seu canto chamava-me de Apa ou de irmã mais velha. Dizia ela que não aguentava tanto sofrimento, que nossa mãe havia morrido em agosto com a cabeça em seu colo, em uma canoa no meio do rio, e que agora perdíamos o pai. Pedia para eu ir para lá, mas logo depois concordava com meu argumento de que eu não conseguiria chegar a tempo, antes que o corpo fosse enterrado.

Como eu temia ao imaginar esse momento, as lágrimas escorriam pelo meu rosto, mas eu não conseguia cantar. Com tanta emoção, eu não era capaz de repetir a melodia que esperavam de mim, nem falar por meio do canto. Tudo o que consegui fazer foi falar, repetir sem parar que havíamos perdido o nosso pai, que tudo me lembrava dele na minha casa no Rio, onde ele passou alguns períodos memoráveis, ensinando-me muitas coisas, contando a sua história de vida e, sobretudo, fabulando sobre as novidades que via nesse mundo da cidade grande que lhe era tão estranho. "As pessoas aqui não dormem?", perguntou-se certo dia ao reparar que as luzes das ruas e de alguns prédios não se apagavam nunca. "Como é possível um lugar sem sombras?", ao visitar uma exposição no Instituto Moreira Salles, em que a iluminação era feita de tal forma que não havia sombras. "Ele vai morrer e você não se preocupa?", ao ver pela primeira vez meu enteado Gabriel surfar na Barra.

Continuei com Ja, minha irmã caçula, ao telefone. Cantando, ela me pediu comida para os meninos que chegavam para o velório. Cantando, me contou sobre a morte da mãe, poucos meses antes. Agarrada ao celular, eu só fazia me repetir, tão frustrada em não conseguir cantar nesse momento, mesmo o tendo imaginado tantas vezes. Ela então me liberou para ir, para desligar o telefone, que telefonasse para Gil pedindo que levasse comida, o que ele fez em seguida. Levou café e pão ao porto do rio Mamoré, onde choravam abraçados ao caixão. Ninguém tocou na comida, ele disse. Não se come ao chorar.

Deitada, olhando para o teto do meu quarto, remoía-me por não estar ali. E então pensei em algo que pudesse agradar a Paletó, caso ele pudesse presenciar a cena. Pedi que trocassem o caixão, que o colocassem em um caixão bonito e forrado. Que o vestissem com camisa social, calça e sapatos lustrosos de cadarço. Queria que olhassem para ele como alguém especial, que todos, não só os parentes, o vissem como o homem importante que foi, tão sábio, tão forte e tão bem-humorado, curioso, aberto. Um adulto que guardou o que há de melhor de sua criança, mesmo tendo visto tanta coisa triste, inclusive vários de seus parentes próximos serem alvejados e mortos por seringueiros, sessenta anos atrás. Eu lhe perguntei certa vez se não odiava os brancos por isso, todos nós brancos, e ele, gentil como sempre, me respondeu que eu e meus parentes não tínhamos nada a ver com isso, pois vivíamos muito longe. Sou-lhe grata por esse perdão.

Larissa, enfermeira, e Jôice, assistente social, lá longe em Guajará, foram à funerária, pediram a troca do caixão e me avisaram que o vestiriam de acordo com o meu pedido, com exceção dos sapatos, que não havia ali. Os mortos da funerária vestiam somente meias. "Não é possível", eu disse. "Ele tem que ir com sapatos bonitos!" No céu cristão, para onde Paletó desde alguns anos contava em ir, todos ficam bonitos e bem-vestidos e, muito especialmente, todos usam sapatos, item mais raro no vestuário wari'. Jôice comprou os sapatos. "Ele calça 39?" "Sim", eu respondi, mas os seus dedos são muito abertos, de modo que sempre comprei para ele sapatos um número ou dois maiores. Quem sabe agora, ainda por cima, os seus pés estivessem inchados? Número 41. "Comprado!", disse-me ela pelo WhatsApp.

O calor neste 10 de janeiro de 2017 no Rio de Janeiro está insuportável, e imagino o calor em Rondônia e a viagem que Paletó terá que fazer até o rio Negro, para a aldeia Ocaia III, onde tinha a sua casa e onde vive a maior parte de seus filhos. Vim a saber então que o novo caixão incluía uma espécie de serviço VIP, com o embalsamento do corpo e uma coroa de flores. Jôice, que comprou os sapatos, me telefonou da funerária dizendo que ele estava todo arrumado, no caixão bonito, bem-vestido e calçado. Tirou uma foto para me mostrar, mas lhe pedi que não a enviasse. Queria manter a lembrança do seu duplo jovem que me aparecera no sonho da antevéspera.

Um pouco depois recebi uma mensagem de Preta, agora com uma foto do caixão ao longe, com pessoas jogadas sobre ele chorando. Reconheci minha irmã Orowao recostada na parede, com ar exausto, e minha irmã Ja, abraçada ao caixão. A imagem é de uma dor cortante. Vi que um pano cobria o caixão fechado e ampliei a foto no meu smartphone para ver melhor. Parecia a bandeira de um time de futebol, branca e verde. Perguntei ao meu filho André, que estava ao meu lado e entende tudo de futebol, que bandeira era aquela, e ele imediatamente respondeu: "Do Palmeiras". Terá sido um acaso? Paletó nunca ligou para futebol, e seu filho Abrão, até onde sei, é vascaíno. Mas o Palmeiras havia sido campeão brasileiro do ano de 2016 e talvez por isso tivessem interesse em uma bandeira do time. Será que quiseram dar ao Paletó um velório de campeão?

Soube que a voadeira (lancha a motor), de 40 HP, saiu do porto somente às 10h30, já com o sol alto. Fiquei imaginando a viagem, as paradas nas diversas aldeias no caminho para que os parentes de cada uma delas pudessem ver o morto, a chegada dramática, com um monte de gente esperando e chorando, inclusive três de seus filhos, Abrão, Davi e Main, que haviam decidido ficar e esperar. Vão passar a noite chorando, agora com o caixão aberto e o corpo disponível para ser tocado e abraçado. Talvez alguém se meta debaixo do corpo, e outros debaixo deste, formando uma pilha humana que se mantém até que o último perca os sentidos e seja retirado. Querem os cheiros, os líquidos, tudo o que o corpo ainda puder lhes oferecer.

No passado, um morto importante, por ter participado de muitas festas, era carregado nas costas de um homem vivo, e lhe era oferecida chicha de milho, uma bebida fermentada, alcoólica, como se faz com os convidados em uma festa. Logo depois, o seu duplo chegaria debaixo d'água, no mundo subaquático dos mortos, onde beberia mais chicha, oferecida por um homem de grandes testículos, chamado Towira Towira ("Testículo Testículo"). Cheio de chicha, o duplo vomitaria e seria levado à casa dos homens para um período de reclusão, como faziam os matadores. E era matador o que um homem morto se tornava para os Wari', daí seu aspecto jovem e vigoroso, o mesmo do duplo de Paletó que tinha aparecido em meu sonho.

No passado, os mortos não eram enterrados, como será Paletó em seu caixão, no cemitério rio acima. O local foi inaugurado pelos missionários evangélicos norte-americanos da New Tribes Mission, que chegaram à região do rio Negro em 1961 para ajudar no que chamaram "a pacificação" dos Wari', e que até hoje vivem em algumas aldeias. Antes, o corpo de Paletó estaria livre dos limites do caixão, no colo dos parentes, enquanto outras pessoas preparavam o fogo que iria assá-lo. Dois, três dias se passavam até que todos chegassem de suas aldeias, para ver o corpo ainda íntegro, abraçar-se a ele, colocar-se sob ele. Alguns dos mais próximos, inconformados com a morte, aproveitariam a distração dos demais para se jogarem no fogo, tentando, por meio de sua própria morte, se juntar ao parente querido nesse mundo debaixo d'água para onde todos iam. Geralmente eram resgatados por alguém mais atento e sobreviviam. Alguns chegavam a morrer.

Lembro-me de Paletó mostrando-me esse movimento, numa das diversas vezes em que teatralizou para mim o funeral, para que eu pudesse entendê-lo e registrar as etapas da cerimônia, filmando sua encenação. Estávamos na sala de meu apartamento no Rio de Janeiro. Eu, ele e Abrão. Duas cadeiras unidas por cabos de vassoura faziam as vezes do moquém funerário. Um jornal amassado sob elas era o fogo. Um boneco de plástico, com pernas, braços e cabeça removíveis, que havíamos comprado em uma loja barata no centro da cidade, era o morto.

Paletó fazia questão de que eu participasse ativamente, não só filmando, para que aprendesse direito os detalhes do ritual. Ele me ensinava os papéis dos dois grupos envolvidos no funeral: como parente do morto, eu devia chorar, andar agachada e, cantando (vejam, eu já havia até mesmo ensaiado o canto que não pude cantar quando foi preciso!), pedir aos não parentes, um a um, que comessem o morto. Já na atuação como não parente, ensinava-me a pegar a carne assada partida em pedacinhos (substituída ali por pão) e, com o auxílio de palitos, levá-la à boca delicadamente, mostrando-me gentil com os parentes do morto que haviam me pedido para que o fizesse desaparecer, comendo-o. Os parentes não queriam mais ver o morto; estavam fartos de tristeza.

Promover o desaparecimento completo do corpo, cuja visão provocava imensa saudade e tristeza, era, para os parentes, a razão para que pedissem aos outros que o comessem, já que eles mesmos, cheios de lembranças do morto, que o tornavam ainda vivo em sua memória, não eram capazes de fazê-lo. Mas não era só o desaparecimento que os Wari' buscavam ao solicitar que se comessem pedaços da carne de seus mortos, pois se quisessem poderiam simplesmente queimar o cadáver, alcançando assim o mesmo objetivo. Ao comerem, os não parentes mostravam aos enlutados que um cadáver não é mais gente, e que por isso podia ser comido. Davam início, assim, ao longo processo de elaboração do luto por parte dos parentes, que culminava com a capacidade de adotarem, eles também, a perspectiva dos não parentes, dos comedores, eliminando de sua memória a visão humana do morto.

Naquela encenação, eu e Abrão nos revezávamos nos papéis de quem chora e de quem come, e também de quem filma. Rapidamente, Abrão aprendeu a manejar a câmera, e a estabilidade da imagem só era perdida quando nós três tínhamos acessos de riso, um deles justamente quando Paletó tentava jogar-se no fogo-jornal e Abrão precisava resgatá-lo.

Paletó me disse várias vezes que tinha muita dificuldade de comer carne de gente, que ela em geral tinha um cheiro muito forte, uma catinga mesmo. Contou-me como certa vez os parentes de uma mulher chamaram-no, ainda rapaz, para que ele comesse da sua carne. Paletó disse que até tentou, comeu um pouco, mas depois correu para longe a fim de vomitar. Imagino que, por se tratar do cadáver de uma mulher adulta, estivesse bastante apodrecido, pois esperavam por dias a chegada de todos os parentes antes de cortar e assar o morto.

Em nossas filmagens, Paletó falava muito disso, e, numa das cenas em que eu comia a carne do boneco morto, me fez virar para o lado e fingir que vomitava. Não se devia fazer isso na frente dos parentes do morto, pois era uma indelicadeza. Mas indelicado mesmo era comer da carne com avidez, como se come caça. Imediatamente após a morte, o cadáver ainda não é animal e, embora seja isso que ele se tornará depois, era preciso respeitar a perspectiva dos parentes, que o viam ainda como gente, como se estivesse vivo, do mesmo modo que eu agora vejo Paletó em minhas lembranças. O risco de tal gafe, de comer a carne demonstrando prazer, era maior quando a carne era assada antes de estar apodrecida, como era o caso de crianças falecidas, que tinham um velório abreviado.

No passado, tudo era comido, o corpo era consumido completamente, de modo que não restasse nada da carne do morto. Se por acaso algo sobrasse, era jogado ao fogo, juntamente com os ossos, para ser queimado e desaparecer. Também eram queimados todos os pertences do morto, além de sua casa, sua roça, os troncos onde se sentava nos caminhos da floresta. Os Wari' chamavam esse ato de destruição de "varrer", varrer tudo do morto, o que incluía a raspagem dos cabelos dos entes queridos, que haviam sido tocados por ele.

Certa vez Paletó me disse que se eu morresse ele choraria muito, rasgaria as roupas que eu lhe tinha dado e as jogaria no fogo. Fico pensando no que farão hoje com os pertences do Paletó, sua maleta, sempre com ele, suas roupas, o cachecol vermelho que eu lhe dei faz tempo, cobertas, shorts. Será que vão destruí-los? Ou então vão dar ou vender para alguém, como costumam fazer atualmente com bens mais duradouros, como rádios e TVs? Antes essa não era uma questão, disse-me certa vez sua esposa, To'o Xak Wa, pois os bens duradouros limitavam-se a panelas de barro, que eles quebravam e jogavam no fogo que assava o morto.

Paletó não tinha mais uma casa própria, nem tantos bens assim, pois vivia — na companhia da esposa, até a morte dela — ora com um filho, ora com outro, que cuidavam dos pais e os alimentavam. Nos últimos anos, estava bastante debilitado pelo Parkinson. Costumava dizer que o seu enfraquecimento decorrera de uma queda na água, quando pescava sozinho em uma canoa. Sem saber nadar, quase morreu afogado, e foi resgatado desfalecido por um de seus filhos. Desde então, tremia muito, como se o frio da água tivesse afetado indelevelmente o seu corpo.

As fotos que acabo de ver no meu computador, feitas em 2015, quando o vi pela última vez, o mostram cantando, rindo, mas de olhos fechados quase sempre. O que ele não queria ver? Esse homem viveu pelo menos trinta anos na floresta, sem contato com os brancos, a não ser nos ataques guerreiros, e sem conhecer quaisquer dos bens de nossa civilização, a não ser pelas ferramentas de metal, que obtinham em casas de seringueiros vazias. Viu chegar os brancos, as doenças, as comidas estranhas e as roupas. Contam que depois de rejeitar se cobrir com o que lhe ofereciam, finalmente encantou-se com um paletó, e o adotou sobre o seu corpo nu. Foi quando ele, que se chamava Watakao', passou a ser conhecido por Paletó. Com o seu paletó viajou por outras aldeias e conheceu a cidade de Guajará-Mirim. Chegou ao Rio de Janeiro, conheceu o telefone e a internet, e o vejo agora, numa foto em meu mural, falando comigo no Skype quando estava em Guajará-Mirim, na casa do Gil, que o fotografou. Será que os olhos fechados o levavam a essas imagens do passado? Às vezes lembrava-se de algo de uma de suas visitas ao Rio e me contava rindo, como quando viu um hipopótamo no Jardim Zoológico e ficou impressionado em saber que não comíamos aqueles animais, e nem mesmo os pombos que apareciam em quantidade nas praças, ou os macacos da Floresta da Tijuca. Surpreendia-se por eu dar ao meu filho peixe cru: não tinha medo de que ele fosse comido por uma onça que farejasse o cheiro de sangue? "Mas não há onças aqui na cidade, meu pai!" "Ah, e esses cachorrões enormes? Você acha que eles não farejam sangue?"

Como no passado, meus parentes, lá no rio Negro, vão ficar em luto por muito tempo, chorando e cantando a melodia fúnebre todos os dias, lembrando-se, por meio dela, das ações do morto, Paletó, de seus cuidados, do alimento que dava aos parentes. Quase não vão comer, vão emagrecer e ficar muito roucos. No passado, depois de meses, um parente próximo decidia terminar o luto, convidando a todos para uma caçada de alguns dias. Voltavam carregados de cestos, repletos de animais mortos e já assados, e entravam na aldeia na mesma hora do dia em que a morte havia ocorrido. Choravam agachados em torno dos cestos do mesmo modo como choravam os mortos, cantando a melodia fúnebre e lembrando-se de seus feitos, de seus pequenos atos de cuidado em relação a eles. Choravam não só aquele morto, mas outros também, aqueles de que ainda se lembravam. E então todos comiam as presas moqueadas, rindo e chamando-as de cadáver. "Quer um pedaço de cadáver?", alguém diria, puxando um tasco para oferecer ao outro. Sem palitos, sem cuidados. Era cadáver, mas também, agora sim, era caça. Uma transformação havia ocorrido e por isso celebravam. O morto, ao ser comido como caça, finalmente saía do mundo dos vivos, da lembrança das pessoas.

Paletó não será comido. Talvez até desejasse isso, pois os Wari' tinham horror ao enterramento, em saber que o corpo continuaria ali sob a terra por muito tempo. Mas sei que Paletó temia que, sem um corpo íntegro, não pudesse ressuscitar e ir ao céu para viver próximo a Deus. Em 2001, em meio ao revivalismo cristão que se sucedeu ao ataque ao World Trade Center, que puderam ver na televisão comunitária, e que lhes suscitou o medo do fim do mundo iminente, ele havia se convertido ao cristianismo dos missionários. Não queria mais ir para o mundo subaquático, mas para o céu, onde estariam todos os demais que morreram já cristãos.

Hoje eu queria muito que esse céu, para onde ele almejava ir, existisse, só para receber Paletó, bem-vestido como foi, e com seus sapatos de cadarço. Chegando, certamente ia ser admirado por todos — e, quem sabe, o próprio Deus, que nunca aparece para aqueles que estão no céu, até possa abrir uma exceção para vê-lo chegar.

2.
O encontro

Fui apresentada a ele por seu filho Abrão, então com dezoito anos, que conheci no dia seguinte à minha chegada ao posto Rio Negro-Ocaia, aldeia wari' situada quase na boca do rio Negro, afluente do rio Pacaás Novos, por sua vez afluente do Mamoré, no estado de Rondônia. Vinha de mala e cuia, preparada para permanecer por meses fazendo "pesquisa de campo", parte essencial da iniciação de todo antropólogo. No Rio, havia deixado a minha família, meu namorado e meu trabalho como bióloga (sim, eu era bióloga, especializada em ecologia vegetal!) e, com duas grandes malas e uma cadeira de praia (que meu amigo Márcio disse ser imprescindível para ter onde me sentar com conforto), partido em um voo de nove horas da saudosa Varig com destino a Porto Velho e muitas escalas. Já no táxi para o hotel indicado por outro amigo antropólogo, que conhecia a cidade, surpreendi-me com a minha resposta à pergunta do motorista: "A senhora veio de mudança?". Sim, tinha vindo.

Porto Velho, à noite, pareceu-me uma cidade de bangue-
-bangue abandonada, e, não só pelas baratas que circulavam livremente pelo quarto, passei boa parte do tempo acordada, pensando se deveria seguir naquela aventura. Afinal, o que mais eu queria da vida, se já tinha um emprego que me permitia viver sozinha em um apartamento supersimpático em Santa Teresa? Lá estava eu, cheia de sonhos e teorias antropológicas na cabeça, e de livros de Carlos Castañeda, em busca de Don Juan.

Exatamente como no dito "amanhã será um novo dia", acordei disposta e organizei a viagem de avião para Guajará-Mirim, onde encontraria uma antropóloga norte-americana com quem me correspondia havia alguns meses, a Beth Conklin. Lembro-me com nitidez dessa viagem, que me fez morrer de medo, especialmente quando eu podia ver que o piloto do bimotor mantinha uma das mãos ocupadas com um enorme hambúrguer, regado por uma maionese que escorria pelo seu braço. Nunca mais fiz esse trajeto de avião. A angústia e a dúvida só passaram completamente quando cheguei à casa que Beth mantinha na cidade para os períodos em que não estava na aldeia. Era uma casa de madeira, bem simples, mas com um ar hippie que me agradou já à primeira vista, por me lembrar o meu apartamento de Santa Teresa.

Eu e Beth nos demos bem logo de cara, tão bem que anos mais tarde viramos comadres: ela batizou meu filho e eu, o dela. Vínhamos de países diferentes, mas éramos oriundas de uma mesma subcultura, com nossos cabelos compridos e nossas saias estampadas indianas. Lembro-me de que, na casa, como era comum na cidade naqueles dias, faltava água, e tínhamos que encher diariamente baldes no rio que passava a uns dois quarteirões de lá. Quase diariamente, faltava também energia, que naquele tempo, antes da chegada da rede elétrica, era produzida por grandes geradores municipais, ou, na casa dos mais abastados, por geradores particulares. Os telefonemas interurbanos só eram possíveis em uma central telefônica, onde entrávamos em cabines, pedíamos à telefonista que discasse o número e aguardávamos, sabendo que nossa conversa era ouvida por todos ali presentes. Beth tinha uma bicicleta, na qual me transportava na garupa, sentada com as duas pernas para um lado só, ao modo das mulheres locais.

A Beth é tão gentil que, compreendendo a minha apreensão, ofereceu-se para ir comigo até o rio Negro e me apresentar a algumas pessoas que ela conhecia. Na volta, ficaria na aldeia Santo André, duas ou três horas rio abaixo, onde vivia. Na véspera, ao conversar com ela, eu havia escolhido o posto Rio Negro-Ocaia ao saber que era a aldeia wari' mais distante da cidade, uma das maiores (cerca de trezentas pessoas) e também a mais bonita.

E não só a escolha do Negro-Ocaia: a decisão de estudar os Wari' também foi, de certo modo, aleatória, embora nos últimos anos os tenha ouvido mais de uma vez dizerem, em seus cultos dominicais, que Deus guiara os meus passos até eles. Aconteceu assim: eu e meus colegas, alunos de mestrado e de doutorado em antropologia social do Museu Nacional, todos orientandos de Eduardo Viveiros de Castro, estávamos em volta de um mapa do Brasil, estudando as localizações de grupos indígenas, com especial atenção para essa região da Amazônia, até então pouco estudada. Um desses colegas, Márcio Silva — o mesmo que depois me recomendaria levar uma cadeira de praia à aldeia —, comentou que havia passado alguns meses trabalhando como linguista entre os Wari' da aldeia Sagarana, fundada pelos padres no rio Guaporé, e que os achara tremendamente simpáticos. Decidi-me sem pestanejar. Era a descrição de que eu precisava, pois, poucos meses antes, havia ouvido o relato desesperado de uma amiga que acompanhara uma antropóloga em uma estadia com outro grupo indígena no qual a tônica, segundo ela, era o mau humor e a rispidez.

No dia seguinte, no porto, esperava-nos o piloto da Fundação Nacional do Índio (Funai), Francisco das Chagas, o Chaguinha, que me acompanhou nesses trinta anos de viagens. Um homem forte, falante, animado e piloto supercompetente, que conhece todos os pequenos meandros dos rios dali. Sempre que entro no barco com ele, sei que vou ter uma viagem tranquila, sem perrengues. Jamais vou me esquecer de quando Chagas, em 1993, com um dos braços engessado, foi buscar a mim, meu então marido, Beto, e meu filho Francisco, à época com dois anos de idade, no rio Negro, assim que soubemos pelo rádio que o nosso apartamento de Laranjeiras havia sido roubado e que pouco restara lá dentro. Depois de tal delicadeza, consegui para ele uma camisa oficial de seu time, o Vasco, assinada pelos jogadores, que ele enquadrou em moldura de vidro e pregou na parede de madeira de sua casa.

Naquela primeira viagem, após enchermos com malas e caixas com mantimentos (leite em pó, arroz, óleo de cozinha, feijão, lentilhas, sal, açúcar, biscoitos, café solúvel, goiabada, leite condensado), comprados no mercado local, uma canoa de alumínio, à qual estava acoplado um motor de popa, eu e Beth ajeitamo-nos em um dos bancos e partimos. Naquele tempo, pelo que me lembro, não eram obrigatórios os coletes salva-vidas. Chagas acomodava-se na popa, dirigindo o motor, e entre nós e ele ficava um grande tambor de cinquenta litros com gasolina necessária para a volta, e que nos servia de encosto.

A paisagem dessa viagem de barco que, dependendo da potência do motor de popa, pode durar nove horas até o rio Negro, ainda hoje continua a me impactar, e atualmente amplio essa sensação ao ouvir música — desde Caetano, Gil e Tribalistas até Jimi Hendrix e Janis Joplin — com meus fones de ouvido durante todo o percurso. Depois de um pequeno trecho de subida do rio Mamoré, com águas barrentas, e de onde se vê, na outra margem, a Bolívia, adentramos o rio Pacaás Novos, de águas claras e cor de mate, a mesma cor do rio Negro, seu afluente. Bem mais estreito que o Mamoré, ao se navegar no Pacaás Novos pode-se ver facilmente as duas margens, com uma vegetação de floresta exuberante. Bandos de pássaros circulam todo o tempo sobre nós: garças, mutuns, araras, tucanos e papagaios. Lembro-me do impacto dessas imagens e dos sons, que me fizeram esquecer o medo dos dias anteriores.

Na noite do dia em que chegamos, escrevi sobre a minha impressão da viagem na primeira página de meu caderno de campo:

Saímos de Guajará às dez horas numa voadeira da Funai com motor de 25 HP. Perto de meio-dia estávamos em Tanajura, o primeiro posto pelo rio Pacaás Novos. A área indígena fica à margem esquerda do rio. A aldeia fica sobre um barranco e primeiro vemos as casas dos missionários, de madeira, com cortininhas. Depois, as casas dos Wari', que são como as dos ribeirinhos, tipo palafita, com paredes e chão de paxiúba [uma palmeira] e telhado de palha, com uma grande varanda na frente. Conheci alguns Wari' dali, e me perguntaram de onde eu vim. Quando disse que era do Rio de Janeiro, logo me perguntaram pelo Maracanã. Seguimos pelo rio Pacaás Novos e por volta de 14h30 chegamos ao Santo André. A mesma paisagem, casas elevadas de paxiúba. Eles dormem sobre a paxiúba. A Beth deixou as coisas e seguiu comigo para o rio Negro. Entramos no rio às cinco da tarde. A paisagem é diferente. O rio é muito mais estreito e bonito. Em uns quinze minutos estávamos na aldeia. Sobre um barranco, muitas pessoas nos esperando, mulheres, homens e crianças. Vieram também nos receber Edna, a professora, e Valdir, o chefe de posto. Fomos direto para a casa da Edna. A aldeia tem, logo na frente do rio, as casas da Funai: chefe, enfermeiro, professora e casa de ferramentas. Muitas mangueiras, cajueiros e jambeiros espalhados. As casas wari' ficam espalhadas de um lado e outro, e atrás, em volta do campo de futebol. São ligadas por trilhas. O mato fica em volta da aldeia. Uma mulher colocou uma esteira no chão, na frente da casa, e catava piolhos no marido. (Rio Negro, 14/8/1986)

Quando penso que, na data de minha chegada, eu tinha vinte e oito anos, entendo que não era assim tão mais velha que Abrão, como me pareceu na ocasião. Éramos ambos jovens e, por iniciativa dele, entabulamos uma conversa de pé, na porta da casa da professora Edna, uma simpática paraense que me abrigou por um tempo em sua casa de alvenaria, com dois quartos e cozinha, conjugada com a sala de aula. Abrão, magrinho mas forte, com cabelos muito pretos, curtos e bem picotados, e um sorriso lindo, aproximou-se e me pediu um cigarro. Ofereci a ele tabaco e papel de enrolar, e começamos a conversar em português, língua que Abrão, desde aquela época, já conhecia, e por isso se tornou meu tradutor nos primeiros tempos. Perguntou o meu nome, de onde eu vinha e quis saber o nome do meu marido. Ensinou-me a falar algumas de minhas primeiras sentenças em wari': *Aparecida ina ta* (sou Aparecida); *narima nukun wijam ina ta* (sou mulher de branco/inimigo), sendo que a última, descobri logo depois, era algo que eu não deveria dizer publicamente, pois confirmava assim minha posição de inimiga, modo como os Wari' classificavam, naquele tempo, todos os não Wari', tanto outros indígenas quanto aqueles que chamavam de "civilizados". Como brincadeira, pediam-me para repeti-la muitas vezes, em voz alta, e todos riam muito. Logo depois, pediam-me que dissesse em wari' "eu peidei", e riam ainda mais.

Paletó, eu e Abrão, 1987.

Ao circular pelas casas com Beth, fui apresentada a uma família que havia vivido no Santo André e que ela conhecia bem. Xatoji, sua filha Topa', o marido desta, Maxun Hat, e os pais dele, que viviam na casa bem ao lado, Wan e' e Orowao Xik Waje. Logo essa família estendida me adotou. Xatoji devia ter seus quarenta e poucos anos, no máximo, e era — coisa rara entre os Wari' — separada de seu marido, pai de suas duas filhas, Topa' e Pijim. Ele vivia também no rio Negro, casado com a filha mais velha de Paletó, Orowao Karaxu. Xatoji não se casou novamente, e vivia ora na casa de uma filha, ora na de outra, dormindo sozinha em seu mosquiteiro, ou com uma neta.

Já no meu segundo dia ali, Xatoji convidou-me para ajudar a descascar a sua mandioca, que havia ficado um dia submersa na beira do rio. Depois de descascada, seria espremida em um cesto, peneirada, torrada no fogo e transformada em farinha. Enquanto trabalhávamos, ensinou-me algumas palavras e, talvez desanimada, explicou-me que, se quisesse aprender rápido a língua, teria que me casar com um Wari', e comer as comidas locais, especialmente as larvas de insetos assadas em folhas. E concluiu em português: "Quer comer bicho?". As pessoas adultas, de modo geral, levaram tão a sério o meu desejo de aprender a língua, que, poucos dias depois de minha chegada, surpreendi-me com uma discussão, em wari', entre o velho Wan e' (que devia ter um pouco mais de sessenta anos, vejam só, quase a minha idade hoje!) e Hilda, uma moça que conversava comigo em português. Quando perguntei a ela o que tinha ocorrido, ela me explicou: "Ele falou para só falar na gíria [palavra usada pelos regionais para se referir à língua nativa] com você". E língua se aprende necessariamente com a convivência. Quando Beto foi me visitar ali pela primeira vez, em janeiro de 1987, surpreenderam-se por ele não saber falar a língua wari' como eu, já que havíamos convivido no intervalo de dois meses entre a minha primeira viagem e a segunda. E então perguntaram: "Você não tem pena dele porque não sabe falar?".

Afora o casamento, segui todas as instruções para aprender a língua, anotando palavras e frases, que em seguida usava para me comunicar. Comer as comidas locais sempre foi um grande prazer, pois eram, naquele tempo, deliciosas: pamonha de milho, chicha, peixes diversos e caça moqueados. Os Wari' apreciam muito os gongos, insetos em fase larvar, que vivem nos troncos de árvores, especialmente aquelas cortadas na abertura de roças. Por conta da cara de nojo dos brancos diante desse alimento, passaram a comê-lo com discrição, ao mesmo tempo em que entenderam ser esse um diferencial de seu regime alimentar. Várias vezes me disseram que, para ser Wari', eu deveria comer gongos, mas a oportunidade só surgiu quando, depois de quase um mês ali, fui para a roça de Xatoji, Topa' e Maxun Hat, ajudá-los a plantar milho. Juliana, a filha do casal, então com seis anos, encontrou um desses gongos, chamados *orojat*, branco, bem gordinho, com uma cabeça na forma de bola vermelha, e levou-o a mim, para que eu o comesse ali mesmo, cru e vivo. Sem pestanejar, com o frescor dos meus vinte e oito anos, e um enorme desejo de ser aceita por eles, enfiei na boca a larva que ainda se mexia, mastiguei e engoli. Na verdade, o nojo inicial se dissipou diante do gosto do gongo, que me lembrou uma azeitona. A aprovação de todos deixou-me inflada de orgulho, ainda mais ao vê-los exclamar bem alto, em nossa volta à aldeia, para que todos ouvissem, que eu havia me tornado completamente wari'.

Desde então sempre me ofereceram os gongos, que na maioria das vezes são assados em folhas de palmeira — e assim ficam de fato deliciosos. Já os piolhos, que comem ao catá-los na cabeça dos outros, e, segundo eles, também constituem comida típica dos Wari', não pude encarar. Resolvida a questão dos gongos, eles me instigavam dizendo que para ser Wari' precisava agora comer piolhos. Esperei uns meses para ter os meus próprios, pois comer o piolho dos outros me pareceu demasiado, e o primeiro que encontrei em minha cabeça coloquei na boca, diante dos que estavam ao meu lado. Degustado o inseto, safei-me do problema dizendo que eles comiam piolho à toa, sem razão, já que, ao experimentar, constatei que piolho não mata a fome. Essa virou a minha resposta automática para toda nova tentativa de convencimento.

Naquele tempo, os Wari' raramente comiam, como o fazem hoje em seu dia a dia, arroz, feijão, macarrão e refrigerantes, que compram com o dinheiro do Bolsa Família, das aposentadorias, salário-maternidade e salários dos professores e agentes de saúde. Lembro-me exatamente do momento em que experimentei essa mudança, em julho de 2001, hospedada na casa de Paletó na aldeia da Boca, hoje chamada Ocaia III, onde ele viveu até recentemente. Generosos, ofereciam-me pratos com arroz, feijão e macarrão, feitos com muito óleo de soja, que eu tinha dificuldade em comer. Um persistente mal-estar estomacal levou-me a uma dieta de bananas e ovos durante toda essa estadia, e de arroz integral, lentilha, aveia, leite e biscoitos, levados por mim, nas subsequentes. A pamonha tornou-se rara, pois quase não plantam mais milho. O som grave da madeira sobre a pedra na moagem do milho, que perpassava os nossos dias, desapareceu. Os peixes e, sobretudo, a caça, tornaram-se raros.

No dia seguinte ao nosso primeiro encontro, Abrão enviou à minha casa a sua irmã, Ja, então com uns seis anos, esperta, falante e articulada, descalça e vestindo apenas um shortinho. Ela trazia nas mãos, para me oferecer em nome dele, um grande pedaço de surubim. Perguntei a Ja se ele queria alguma coisa. Sim, tabaco e papel de enrolar. Desejando parecer generosa, e desconhecendo a etiqueta local que manda não recusar comida, disse-lhe então que ficasse com o peixe, pois eu lhe daria o que pedira mesmo assim. Desconcertada, a menina voltou para casa, e eu logo me pus a pensar se havia agido corretamente. Será que Abrão ficaria chateado com a minha recusa? Ele não tardou a aparecer em minha casa, e eu lhe expliquei que não havia aceitado o peixe por ter comido bem naquele dia. Ele estava salgado, disse-me Abrão, de modo que eu poderia tê-lo guardado para outro dia.

Até então não havia conhecido Paletó, embora o seu nome já tivesse aparecido em minhas notas de campo, em uma lista de pessoas mais velhas a conhecer. De acordo com as notas, no meu quarto dia ali, fui à casa de sua filha Orowao Karaxu, e lá o vi pela primeira vez, sentado ao lado de sua esposa, To'o Xak Wa. Fazia-me perguntas que eu não entendia, o que o fazia rir muito. Seu genro, casado com Orowao Karaxu, traduziu-me algumas delas: queria saber se meu marido era velho, se meus pais eram velhos. Abrão pediu-me uma camisa do Flamengo e declarou que gostaria de passar um ano no Rio de Janeiro. Mal sabíamos que ele, de fato, viria me visitar no Rio diversas vezes. Visitei Paletó em sua casa, dois dias depois. Na ocasião, intermediado por Abrão, contou-me um mito, seguido de cantos dos Orotapan, povo mítico que vive debaixo da água, cantos que foram acompanhados por sua mulher e gravados por mim. Pediram-me que contasse uma história para eles, e a primeira que me ocorreu foi a da Cinderela, que lhes foi traduzida por Abrão.

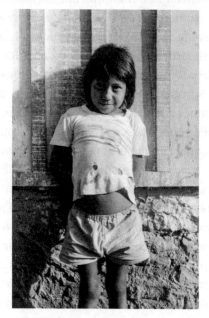

Ja, 1987.

Ouço agora os cantos nessa gravação em fita cassete, em que suas vozes, ainda jovens, estão claras e afinadas. O meu gravador era, entre eles, um sucesso absoluto. Quase todas as noites, mulheres e moças reuniam-se no pátio da casa de Topa' Jam, cantavam para que eu gravasse, e depois pediam-me para tocar a fita diversas vezes. Era uma casa animada, situada na beira da encosta pela qual se desce ao rio. Topa' Jam tinha muitas filhas, dentre elas Rute, que, juntamente com Dina, filha de Wan e', e sua vizinha, tornou-se minha companheira inseparável nesses primeiros tempos. A mãe de Topa' Jam era a mulher mais velha da aldeia, a única ali com cabelos brancos. Era viúva e vivia com a filha, o genro e os netos, assim como Xatoji, como é costume entre as mulheres mais velhas viúvas ou solteiras, que passam a dividir os trabalhos de criação das crianças e a usufruir de sua companhia cotidiana.

Reunidos naquele pátio, sentados em esteiras, homens e mulheres ouviam as músicas repetidamente, mas também prestavam uma grande atenção aos sons que indicavam o que se passava ao redor no momento da gravação, especialmente as correrias e brincadeiras dos rapazes em torno das cantadoras. Também era um modo daqueles que não estavam presentes na gravação saberem o que se passava em outras casas, e o que outras pessoas haviam me falado. Através da nova tecnologia, ampliavam as suas redes de comunicação.

Em uma viagem de barco, dois meses depois de minha chegada, chamei Paletó de pai pela primeira vez. Foi uma das raras vezes em que viajei no grande barco de madeira do posto, uma chata, como se diz na região, e que os Wari' chamavam de *tonton* (onomatopeia derivada do som de metal do motor). Éramos muitos descendo o rio em direção à aldeia Tanajura, onde haveria uma festa. Foi um custo partir, porque a toda hora diziam que alguém ou alguma coisa estava faltando. Refiz por diversas vezes o caminho entre a minha casa e o rio, mobilizando-me a cada novo anúncio de que afinal seguiríamos viagem. Carregava uma mochila com as minhas coisas, e um pequeno cesto, com alguns aipins e ovos cozidos, que achei que seriam suficientes para a viagem. Mas o percurso, que era para durar no máximo oito horas, acabou sendo feito em dois dias, e as minhas parcas provisões, repartidas entre os que pediam, acabaram nas primeiras horas.

35

Quando estávamos perto de chegar, já sem comida e com fome, resolveram parar para pescar. Fiquei no barco, acompanhada por alguns rapazes que estavam com preguiça de participar da pescaria. Um deles, Luís, sobrinho de Paletó, deitou-se no assoalho do barco com o rádio colado no ouvido, sintonizado na Rádio Nacional de Porto Velho. Achei engraçado ouvir ali, cercada de floresta, o anúncio de uma loja de tapetes e pratas. Luís não gostou e trocou de estação, parando em uma música lenta de Roberto Carlos, que tampouco lhe agradou. Girou novamente o botão até encontrar uma música animada, em que o cantor falava em não poder viver sem "ti". Luís gostou e ficamos ouvindo.

Os demais Wari' espalharam-se pela beira do rio, os peixes começaram a aparecer, e pequenos fogos foram acesos para cozinhá-los. Ninguém me convidou a comer e, sem saber o que fazer, disse para Abrão que estava com muita fome. Ele então me ensinou: "Você tem que ir até o nosso pai e pedir comida, dizendo que está com fome". Aproximei-me de Paletó, que estava sentado ao lado de um moquém com peixes, e, envergonhada por me ver nessa posição fragilizada de pessoa faminta, inusitada para mim, disse exatamente o que Abrão havia sugerido: "Estou com fome, meu pai".

Não me esqueço de sua reação, contente por partilhar o peixe comigo, talvez feliz com o meu progresso na compreensão das relações humanas e na ativação dos laços de parentesco. Parece ter sido uma aula explícita, pois mesmo hoje, quando vendem entre si alguns produtos e carne, os Wari' não são, de modo algum, avaros, sempre oferecendo daquilo que estão comendo quando alguém chega em casa, por exemplo. E, feita a oferta, não se faz cerimônia. Em minha estadia com Paletó e To'o, anos depois, em Sagarana, a aldeia fundada pelos padres no Guaporé, certa vez chegamos à casa de uns parentes distantes de To'o quando eles estavam comendo peixe. Perguntaram se eles haviam comido, ao que responderam negativamente. Os donos da casa então ofereceram-lhes um peixe, que de pronto aceitaram, e logo depois ofereceram mais um, que novamente aceitaram, mesmo sendo evidente que naquela casa não havia abundância. A comensalidade é parte essencial e constitutiva das relações de proximidade.

Tento agora me lembrar do rosto de Paletó naqueles primeiros meses, mas ele se confunde com outros, das diversas fases em que convivemos. Lembro-me de seus ângulos, da falta de sobrancelhas e cílios, que foram arrancados, por toda a vida, com uma pinça feita de um graveto quebrado ao meio, do nariz largo, do cabelo à altura das orelhas, repartido ao meio e ainda totalmente preto, e da meia dúzia de fios de barba, pendurados no queixo, também cuidadosamente arrancados com frequência, e que, com o tempo, ficaram brancos. Os Wari' achavam horrível os pelos no rosto e nas diversas partes do corpo, inclusive os pelos genitais, e os cônjuges estavam sempre prontos a arrancá-los quando tinham um tempo ocioso juntos. Diziam que pessoas peludas pareciam animais, e achavam horrorosos os brasileiros barbudos que encontravam na cidade.

Embora Paletó fosse bem mais baixo do que eu — sua cabeça chegava um pouco acima do meu ombro —, sempre tive a sensação, tanto com ele quanto com os demais adultos wari', de que os olhava de baixo para cima, talvez por me sentir meio criança quando estava ao seu lado. Era magro, mas com os músculos dos braços e pernas bem delineados, como os de seu filho Abrão. Mas do que me lembro com mais nitidez são os gestos, o modo de mexer os braços enquanto falava, apontando aqui e ali, e de sua voz, meio grave e sempre em tom baixo, como é comum entre os Wari', para quem falar alto é brigar. Uma de minhas primeiras lembranças foi de sua atuação nos ensaios de música para uma festa *tamara* em outra aldeia. Paletó, escrevi em meu diário, agia como "ponto", sempre agachado em frente à linha dos cantadores, soprando para eles as letras das músicas. Quando estávamos na festa, alguns dias depois, com os cantadores wari' dançando de braços dados, formando uma comprida linha de frente para os anfitriões, que os provocavam com ironias e os enchiam de chicha de milho, Paletó colocou-se por detrás da linha, soprando as letras a cada vez que davam um passo para trás.

Ao buscar uma foto sua desse período em meu primeiro livro, surpreendo-me ao constatar que é a primeira do livro, seguida daquela de Abrão. Na imagem, Paletó está agachado e com um largo sorriso, mostrando os cinco dentes de baixo, os únicos que tinha naquele tempo, antes de arrancá-los todos e usar uma dentadura. Veste uma camisa de time de futebol, talvez Fluminense, São Paulo ou Grêmio, diz o meu filho André, que se vê impossibilitado de identificar com precisão em uma foto em preto e branco. Noto agora essa reincidência das estampas de times de futebol em minhas imagens dele: na primeira foto do livro, e na última foto, de seu caixão, que me foi enviada via WhatsApp.

3.
O irmão queixada

Até aquele momento, meus encontros com Paletó haviam sido esporádicos, pois os meus primeiros amigos ali, Wan e' e sua família, viviam em outro segmento da aldeia, e era para a casa deles que eu ia sempre que não estava "trabalhando", para relaxar, rir e jogar conversa fora. Foi Wan e' quem definiu os meus laços de parentesco, ao ir até a minha casa, situada a uns cinquenta metros da sua, de frente para o rio, para me convidar a comer frutos que a "minha mãe" havia coletado. Segui-o orgulhosa até a sua casa, e desde então passei a chamá-lo de pai, à sua esposa de mãe e aos seus filhos de irmãos. Imediatamente todos os demais Wari' tornaram-se também meus parentes, bastando-me seguir as classificações de meus irmãos, e repetir os termos usados por eles para me dirigir às pessoas. Assim, todos aqueles que meus irmãos chamavam tio, pai, mãe, sobrinho e filho, eu igualmente chamava. Naquele momento não sabia que Paletó se tornara meu pai, por ser irmão de Wan e'. Não eram filhos de mesmo pai ou da mesma mãe, mas Wan e' era filho de uma irmã da mãe de Paletó, posição equivalente à de irmão para os Wari'. Ao longo da vida, haviam habitado juntos em diferentes aldeias, e eram próximos.

No curto período em que convivemos, interrompido por sua morte súbita, Wan e' portou-se como um pai exemplar, sempre me convidando a comer o que houvesse em sua casa, e entrando e saindo sem cerimônia a qualquer hora do dia da minha, a casa da professora Edna. Muitas vezes acordava com a minha rede cercada de rostos, dentre eles o de Wan e', repetindo o mantra "café, café, café". Abria os olhos lentamente, cheia de preguiça e, achando graça, ia fazer o café em meu fogareiro de uma só boca, que comprara em Guajará. Depois, sentávamos todos à mesa de madeira que havia na cozinha da casa para conversar. Certo dia, um barco vindo da cidade trouxe-me um queijo, para mim uma iguaria, que quis compartilhar com eles, quando ouvi alguém, sem se dar conta do meu progresso no aprendizado da língua, perguntar a Wan e' se eu os estaria envenenando. Respondi diretamente comendo o primeiro pedaço de queijo, e Wan e' olhou orgulhoso para a sua filha aprendiz.

Naquele tempo, diferentemente de hoje, as portas das casas não tinham trancas, e as pessoas entravam e saíam livremente de onde quisessem, desde que algum dos habitantes das casas estivesse presente. Furtos aconteciam, mas eram raros. As canoas tinham donos, mas quem quisesse ia até um porto, pegava uma canoa e saía para pescar. O que se caçava ou pescava era imediatamente distribuído aos parentes próximos e às crianças de outras casas, que vinham ver a distribuição, muitas vezes enviadas por suas mães. Eu mesma, ávida por carne, enviei os meus filhos mais de uma vez, e não me esqueço dos seus sorrisos orgulhosos ao voltarem para casa com um bom pedaço de carne.

Hoje, trinta anos depois, quase todas as casas têm uma televisão, um gerador a diesel e os objetos mais diversos, desde roupas de material sintético compradas na cidade a DVDs e CDs, que devem ficar trancados quando o dono se ausenta. As casas agora têm janelas e porta de madeira com cadeado, telhado de Eternite (amianto) e divisórias internas com cortinas que criam espaços usados como quartos, mobiliados com colchões e camas, que substituíram as esteiras nas quais eles se deitavam nas casas sem divisórias de quando os conheci. Alguns têm a própria balança, usada para pesar pedaços de carne que vendem para vizinhos, e às vezes até mesmo para parentes, em troca de produtos das roças, mas preferencialmente por dinheiro.

Naqueles meus primeiros tempos, ninguém ali tinha nada diferente dos demais, e os objetos manufaturados eram poucos, em particular, máquinas de costura, usadas pelas mulheres para fazer os vestidos de chita com que se vestiam. Dois ou três jovens tinham vitrolas e discos, com os quais animavam bailes de forró semanais, em que me convidavam para dançar dizendo: "Mulher inimiga/branca, dançar!". Não os constrangia serem tão mais baixos do que eu, e dançavam divinamente bem. Foi nos forrós que conheci uma das filhas de Paletó, Main Tawi, muito animada e muito disputada pelos rapazes, dançando com seus pés descalços e seu vestido de chita curto. As moças, igualmente vestidas, ficavam agrupadas em um canto do terreiro da festa, esperando serem chamadas pelos rapazes, agrupados em outro canto. Eles chegavam, pegavam no braço de uma delas e começavam a dançar. Assim que a música acabava, separavam-se imediatamente, indo cada um para o seu canto, sem se olharem.

As músicas eram brasileiras, do tipo forró ou brega, com letras românticas ou com metáforas sexuais, que eles, em sua maioria, não compreendiam. Constatei isso no dia em que levaram um gravador e fitas cassete em uma pescaria que fizemos juntos em um lago fora da reserva. A dona de uma casa situada nas imediações de onde nos instalamos, evangélica, veio reclamar diretamente comigo, dizendo que não queria aquelas músicas indecentes tocando ali. Foi então que tive que traduzir para o wari' letras que falavam de sexo dentro do carro, dentre outras coisas, o que os fez gostar mais ainda delas.

Wan e' era fisicamente semelhante a Paletó. Embora um pouco mais baixo, tinha o mesmo formato de rosto, os olhos estreitos e o nariz largo, além do sorriso aberto. Sendo xamã, ou pajé, Wan e' tinha um outro corpo na forma de queixada (porco--do-mato), que andava pela floresta e debaixo dos rios enquanto ele dormia, ou mesmo durante a sua vigília. Explico: porco-do--mato aos nossos olhos, pois os animais veem a si mesmos como gente, com um corpo humano e vida social como aquela dos Wari'. Wan e' podia vê-los assim, como pessoas.

Quando percebeu que essa sua vida dupla me interessava enormemente, Wan e', sempre que era chamado a curar um doente, passava em minha casa e me convidava a acompanhá--lo. Ao chegar, eu me colocava ao lado dos parentes que circundavam o doente, geralmente deitado no colo de alguém sobre o estrado de paxiúba que servia de cama. Nas doenças graves, os parentes lamentavam-se por meio do canto fúnebre, lembrando os feitos do doente como se ele já fosse um morto. Oriunda de um mundo em que se busca esconder do doente a gravidade da doença, mostrando-me sempre positiva em relação à cura, surpreendia-me esse modo de tratamento, especialmente porque ele não excluía da roda de choro as crianças pequenas.

Certo dia, Maxun Hat, filho de Wan e', sofreu uma lesão durante um jogo de futebol. Ele havia fraturado uma costela e sentia muita dor. Depois de passar um tempo na enfermaria situada ali na aldeia, foi carregado até a varanda de sua casa, e deitado sobre o colchão de plástico trazido da enfermaria. Sua cabeça ficou no colo de seu irmão mais velho, e sua mãe deitou-se ao seu lado. Também ao lado, sentada, Topa', sua esposa, tinha no colo a filha de seis anos, Juliana, a mesma que me ofereceu a primeira larva de inseto na roça. Os quatro xamãs do rio Negro manipulavam o seu corpo e, do lado de fora, cuspiam o sangue que havia se acumulado em seu dorso. Todos choravam ao seu redor, cantando a melodia fúnebre, lembrando os seus atos e lamentando a iminência de sua morte. Ele mesmo repetia, na melodia do canto fúnebre, que ia morrer, que ia deixar a esposa e a filha pequena. Assustada com a cena, peguei Juliana no colo e a levei para fora, procurando acalmá-la, dizendo que o seu pai iria se curar, o que de fato aconteceu.

Alguns meses depois, Topa' sofreu um aborto e foi internada no hospital de Guajará. Quando cheguei à cidade, vinda do Rio de Janeiro, fui visitá-la e me ofereci para dar notícias à sua filha, já que estava de partida para a aldeia. Topa', que estava sentada na cama e falante, agradeceu e me pediu para dizer à Juliana que sua mãe ia morrer. Juliana havia se tornado muito próxima a mim e, por gostar de colares e pulseiras, eu a chamava — como faço até hoje — de perua, gíria carioca para pessoas exageradamente enfeitadas, associada à atração que, diz-se, as coisas brilhantes exercem sobre os perus.

Naquele momento, não consegui transmitir-lhe a mensagem de sua mãe, e esse episódio me veio à mente quase trinta anos depois, em 2015, quando assistia, na cidade de Ji-Paraná, em Rondônia, a uma aula de didática para os alunos wari' que se formariam professores. As histórias que elaborariam, ensinava a professora branca, deveriam ter sempre um final feliz, pois não se contam tragédias para crianças. Não me ocorreu perguntar-lhes, naquele momento, se concordavam com aquilo. De todo modo, quando a professora perguntou à turma como deveria ser o fim das histórias, os alunos responderam em uníssono: "e viveram felizes para sempre".

Assim como Juliana, as crianças estavam sempre ao meu redor, e as menores eu carregava no colo, ao modo wari', enganchadas em minha cintura. Uma delas eu chamava "borboleta", *terere*, porque sempre me pedia que desenhasse uma borboleta em seu braço com minha caneta. A Orowao, de dois anos de idade, buscava em casa todos os dias para levá-la ao rio, onde tomávamos banho. Frederico, pequenino, chegava a minha casa com seu calção rasgado para que eu o costurasse, e Roberto, que hoje é vereador, estava sempre por perto, algumas vezes carregando nos ombros um enorme radiogravador de fitas cassete. Hoje costumo confundir alguns dos filhos dessas crianças, ao vê-los pela primeira vez, com seu pai ou sua mãe, perdendo a noção do tempo passado.

Nas sessões de cura, Wan e' era muitas vezes acompanhado pelos outros três xamãs do rio Negro: Wao Tokori, também queixada, Orowam, onça, e Wem Karamain, traíra. Sempre que possível, os quatro atuavam juntos, olhando o corpo do doente e, além de sugar e cuspir o sangue coalhado em alguma parte do corpo, retiravam dele pelos, alimentos e enfeites dos animais que estavam tentando levar o seu duplo, para torná-lo um membro de sua sociedade. Wan e' fazia sons de queixada, coçava os olhos e, com uma mão, retirava esses objetos do corpo do doente, guardando-os na outra, que permanecia fechada até que ele pudesse abri-la nas imediações da casa para jogá-los fora. Algumas vezes, antes de jogar fora, ele ou um dos demais xamãs mostravam às pessoas o objeto, um pelo ou uma semente, que havia sido retirado do corpo do doente. O que caracteriza o xamã é justamente essa capacidade visual, e um homem, ao relatar-me em português, em meus primeiros tempos ali, o processo de se tornar xamã, definiu-o como "soltar" os olhos, sugerindo ser o olhar das outras pessoas preso, limitado.

Cada um deles atuava de um jeito próprio, de acordo com o comportamento do animal associado. Orowam rugia como onça e Wem Karamain colocava-se sobre o corpo do doente e flutuava, nadando como um peixe. Não estavam em transe, como eu imaginava até o dia em que, no meio de uma cura em que Wan e' agia como queixada, Orowao Xik Waje, sua esposa, disse-lhe que estava indo para casa. Wan e' imediatamente respondeu que logo ele iria também, e voltou ao seu comportamento queixada. Foi quando entendi que seus dois corpos podiam coexistir, sem que um fosse tomado pelo outro, como nas possessões religiosas que conhecemos.

Ao final das sessões, os xamãs falavam simultaneamente sobre as possíveis causas da doença, que, quando acometia crianças, era sempre associada à quebra de tabus alimentares pelos pais, ou pelos possíveis parceiros sexuais destes, o que causava sempre rebuliço e, às vezes, brigas de casais. Se a esposa ou o marido sabiam o que o outro havia comido, pois comiam juntos, a quebra do tabu só poderia ter ocorrido fora desse núcleo conjugal, confirmando o adultério. Voltava com Wan e' para casa, às vezes tarde da noite, e sempre lhe pedia no dia seguinte que me contasse com detalhes o que havia se passado. Nos intervalos de nossas conversas, ia com sua esposa ao rio para um banho, levando o meu sabonete Phebo de Rosas, que lhe encantava, e que até hoje é o seu presente favorito. Como é comum ali, controla-se o movimento de todos na aldeia, e volta e meia nos perguntavam, rindo, por que sempre íamos juntas nos banhar. Orowao Xik Waje me ensinou a resposta certa: porque assim é o nosso corpo. Para os Wari' é no corpo que se situam os gostos, os afetos, o jeito de ser. Banhar-nos juntas era o nosso jeito. Muitos anos depois, ela se tornou avó dos meus filhos.

Orowao Xik Waje, Francisco e André, 2002.

Nessa época houve uma epidemia do que eles chamavam "folha estranha". Dizia-se que os rapazes, buscando seduzir as moças, sopravam uma folha em suas cabeças, que as fazia enlouquecer e agir estranhamente com todos à sua volta. Os pais, preocupados, levavam-nas aos xamãs, que retiravam as folhas, mostravam-nas a todos e exortavam os rapazes a não fazerem mais isso, pois assim colocavam as moças em perigo até mesmo de serem raptadas por animais, dada a sua incapacidade de reconhecer as pessoas. Algumas dessas curas aconteciam em meio a bailes de forró, com a vitrola tocando alto, os casais dançando e, no meio da pista, a moça doente deitada, e os xamãs em torno dela. A exortação final era igualmente feita em meio à música e à dança, e me impressionava que isso não incomodasse os xamãs. Fui compreender, mais tarde, que esse era o modo wari' de discursar. Não se fala diretamente à audiência, que tampouco precisa dar sinais de atenção. Fala-se simplesmente, e ouve quem quer.

Eu estava em minha casa no Rio de Janeiro, em 1991, quando um rapaz me ligou de Guajará-Mirim para dizer que Wan e' havia morrido. O impacto e a tristeza não me permitiram perguntar detalhes da morte, e me lembro do rapaz tentando me consolar, dizendo que ele estava agora debaixo d'água, dançando ao lado de seus parentes mortos. Quando voltei ao rio Negro em 1992, meus amigos mais próximos aproximaram-se de mim com cuidado e me deram novamente a notícia da morte. Esqueci-me de quem foi a pessoa que, ao me ver chorar, disse que um dos outros xamãs já havia visto Wan e' sob a água, que ele estava bem, rejuvenescido, e que havia se casado novamente e tido filhos. Um dia ele viria até nós na sua forma queixada, oferecendo-se como caça aos seus parentes, para então, depois de comido, reviver e voltar ao mundo dos mortos, novamente com seu corpo humano e jovem. Era assim que viviam os mortos antes do céu, indo e voltando, sempre em contato com os seus parentes, que gostavam de visitar mesmo que não pudessem ser reconhecidos por eles.

4.
As casas

Embora Paletó tenha entrado em minha vida devagar, tenho a impressão de que convivi com ele intensamente desde os meus primeiros meses no rio Negro. Inicialmente, nossas conversas eram quase sempre mediadas por Abrão, que buscava traduzir a fala abundante do seu pai. Lembro-me bem de sua casa naquele primeiro tempo. Ficava no fundo da aldeia, distante do rio, elevada do solo, as paredes de paxiúba como todas as outras casas — que eram como não paredes, por deixarem passar imagens e sons para fora — e o telhado de palha de patauá, sem varanda. Em frente à casa, havia um banco de madeira, onde volta e meia eu o via sentado conversando com outras pessoas e com seus filhos. Foi ali que tirei a sua foto sorridente, vestindo a camisa de um time que André não pode identificar. Dentro da casa havia um grande mosquiteiro de pano, quadrado, que durante o dia ficava enrolado, deixando aparecer as esteiras superpostas, nas quais dormiam Paletó, sua esposa, suas filhas adolescentes Main Tawi e A'ain Tot, e as crianças Davi e Ja. Abrão dormia à parte, em uma rede pendurada no fundo da casa. A filha mais velha, Orowao Karaxu, casada, vivia em outra casa na mesma aldeia.

Naquele tempo, Paletó também tinha outra casa, em uma localidade chamada Ta' Nakot, a cerca de duas horas de caminhada desde o posto Rio Negro-Ocaia, onde vivia nos períodos de plantio e colheita do milho. Fui ali pela primeira vez acompanhando algumas mulheres em uma expedição de coleta de mel e frutos de ingá, e outra para plantar milho, com um sobrinho de Paletó,

A'ain, e sua esposa, que também tinham uma casa ali. A terceira casa pertencia a Awo Kamip, outro sobrinho, que veio a se tornar pastor da igreja local. Nessas visitas, não chegamos a dormir, retornando para a aldeia ao entardecer.

A primeira vez em que dormi ali foi quando supliquei ao seu sobrinho A'ain que me levasse com eles, pois naqueles primeiros tempos os Wari' desconfiavam de minha capacidade de viver fora da aldeia. Um pouco contrariado, eu acho, A'ain, um homem alto, esguio e de rosto muito largo, pegou-me de surpresa ao passar em minha casa um dia de manhã bem cedo, descalço, vestido somente com o seu calção e segurando um arco e umas flechas na mão. Disse apenas: "Vamos!". Apressadamente, arrumei uma mochila com saco de dormir e mosquiteiro, e algumas roupas. No início da trilha, eu corria atrás dele e dos outros que nos acompanhavam, mas logo A'ain se colocou atrás de mim, respeitando o meu ritmo e me protegendo. Fiquei apreensiva, com medo que sumisse, quando o vi sair da trilha e entrar na floresta dizendo "vou cagar", e parei para esperá-lo, deixando os outros se afastarem. Instalaram-me em uma casa sem paredes, que estava ainda em construção, e passei ali alguns dos melhores dias de minha vida, inocentemente pensando que as ameaças de ataques de onças à noite eram brincadeiras dos Wari' para me assustar.

Ali, ajudei-os a plantar e me ofereceram milho para que eu fizesse a minha primeira pamonha. Ao modo das mulheres à época, sentei-me com as pernas cruzadas em frente a um pedaço grosso de madeira, aplainado, que servia de base para o movimento em balanço da pedra ovalada, que moía os grãos de milho colocados sobre a madeira com um pouco de água. Ao lado, uma panelinha servia de recipiente para a pasta moída, liberando a madeira para receber mais grãos. Depois, a pasta era colocada em uma espécie de fôrma comprida, feita de folhas de palmeira costuradas com espinhos e fechada com fios das folhas, que faziam a amarração. Esse recipiente podia ser colocado em uma panela com água ou então assado sobre brasas em um moquém. Gosto mais do último modo, mas ambas as pamonhas são deliciosas. A mesma pasta, se cozida diretamente em uma panela e misturada com mais água, vira a chicha de milho doce. Se for macerada com as mãos e mastigada, e ficar em repouso por alguns dias, torna-se a chamada chicha azeda, fermentada e embriagante. Naquela primeira vez, moí o milho com sucesso, mas não consegui costurar os recipientes de folha, o que fez as mulheres rirem, mas logo se disporem a me ajudar. De todo modo, ao voltarmos para a aldeia depois de alguns dias, a notícia de que eu fizera pamonha correu rápido, e exclamavam aqui e ali, mais uma vez, que eu havia finalmente me tornado wari'. Ficaram ainda mais animados quando Beto veio me visitar no início de 1987 e preparei pamonha para ele. Agora, sim, era uma mulher wari', eles diziam, preparando pamonha para o meu marido.

Minha falta de destreza em trabalhos manuais sempre foi marcante, e até recentemente não conseguia fazer sozinha um recipiente de pamonha que não vazasse. As mulheres wari', por sua vez, são extremamente jeitosas. Em nossas coletas de mel, elas rapidamente preparavam um recipiente impermeável com a folha de um tipo de bananeira, e ainda faziam uma alcinha com cipó, para colocarmos nela, cada qual, o mel que levaria para casa. Uma vez, indo para a casa de Paletó em Ta' Nakot, acompanhada somente por minha irmã caçula, Ja, uma tempestade nos pegou no caminho. Ja, com seis anos, pediu o meu canivete e cortou diversas folhas de bananeira selvagem com hastes compridas, que ela fincou no solo e construiu um abrigo provisório, que de fato nos manteve protegidas do temporal. Não me esqueço de sua imagem franzina, com cabelos bem curtos e franja, no estilo das mulheres wari', que contrastava com seu jeito decidido e a voz forte, que a caracterizam até hoje. Cheguei em Ta' Nakot com o meu saco de dormir quase seco, embora minhas roupas não tenham tido a mesma sorte.

Lembro-me vivamente das diversas vezes que percorri o caminho até Ta' Nakot, do riso solto em minhas conversas com Abrão e outros jovens, que me transportavam à adolescência, aos meus amigos, e faziam me sentir totalmente em casa. Certa vez, no caminho, pediram-me que lhes ensinasse o hino do Flamengo. Em seguida, ensinei-lhes músicas simples que me ocorreram: "Mamãe eu quero", "Alala ô, mas que calor ô ô ô", e a sua predileta, de Luiz Gonzaga, que dizia, "Luiz, respeita Januário". Cantamos durante todo o percurso, repetindo muitas vezes para que eles decorassem as letras.

Nesse período, eu me mudei de casa na aldeia mais de uma vez. Edna, a professora que me abrigou quando cheguei, casou-se e se mudou para a casa de Valdir, funcionário da Funai que exercia o cargo de chefe de posto. Outras professoras chegaram e ocuparam os dois quartos da casa. Como não fui convidada por nenhuma família para viver em sua casa, Valdir ofereceu-me um espaço no depósito de ferramentas, que eu passei alguns dias limpando para tornar habitável. Diferentemente da casa da Edna, no depósito não havia água corrente nem banheiro (que, na casa dela, ficava do lado de fora, perto da porta dos fundos), e passei a carregar baldes e baldes de água diretamente do rio, para cozinhar e beber. Assim como as outras mulheres e crianças, ia para o rio por volta de meio-dia com uma bacia com a louça do almoço, e um balde com as roupas sujas. Ali ficávamos, conversando e nos banhando, por mais de duas horas, conversas descontraídas que me ensinaram um monte de coisas sobre a vida dos Wari'. A falta de banheiro no dia a dia foi um pouco mais complicada, pois eu e meus vizinhos usávamos uma moita que ficava perto da casa de uma família de outra etnia, os OroWin, que, após um massacre nos anos 1970, haviam sido levados a habitar o posto Rio Negro-Ocaia. Embora a família usasse a mesma moita, grande e confortável, certo dia, após uma discussão minha com o homem da casa, ele, com raiva, cortou as plantas que formavam a moita, obrigando a mim e aos outros, assim como a eles mesmos, a andar bastante até a moita mais próxima.

Quando outros compartimentos do depósito, separados do meu por meias-paredes, eram ocupados por visitantes eventuais, especialmente por trabalhadores braçais que passavam dias ali para fazer alguma obra nas casas da Funai, mudava-me para a casa de algum amigo wari', agora não somente convidada, mas obrigada por eles, que iam lá me buscar, temerosos por minha segurança. Vivi com Xatoji, Topa', Maxun Hat e Juliana e me lembro de nossas conversas à noite, já deitados e cobertos por nossos mosquiteiros. De manhã cedo, as araras que criavam nos acordavam imitando sons de queixadas. Não sei bem por que nunca fiquei hospedada na casa de Paletó no posto, talvez por que naqueles primeiros tempos fosse mais próxima de Wan e' e sua família, daí ter ficado na casa de seu filho.

Em outras viagens, encontrei a casa dos professores novamente disponível, e, por sorte, uma dessas vezes foi a primeira em que levei meu filho Francisco, então com um ano e meio, em 1992. Eu dormia no chão com meu mosquiteiro, e ele em um bercinho de lona, de armar, com mosquiteiro embutido. No ano seguinte, com a casa novamente ocupada, eu, ele e Beto nos instalamos na casa do rádio, um quartinho contíguo à casa do chefe de posto.

Francisco e um filhote de tamanduá, 1992.

No final da década de 1990, depois de mais de trinta anos com casas fixas no posto, Paletó e sua família decidiram fundar uma nova aldeia, rio abaixo, perto da foz do rio Negro, em uma localidade chamada Boca, bem no limite da reserva indígena. A razão, disseram-me, foram roubos de galinhas que começaram a acontecer no posto, e que os impediam de ter uma criação. Orowao Karaxu e sua família já viviam longe, nas margens do rio Mamoré, onde o marido, Orowao Kun, realizava um trabalho para a Funai.

Conheci o lugar em julho de 2001, em uma breve viagem de menos de um mês, com o objetivo único de matar as saudades depois de cinco anos longe deles. O piloto Chagas mais uma vez me levou até lá e, junto com os meus irmãos, ajudou-me a descarregar as minhas coisas e a instalar o meu colchonete (que, com a idade, passei a usar), saco de dormir e mosquiteiro na casa de Paletó, sobre um pedaço do estrado de paxiúba que me foi cedido. Muita gente vivia na casa, incluindo os sogros de Abrão, que mais tarde vieram a construir uma casa só deles, também ali. Havia duas grávidas na casa: a esposa de Abrão, Tem Xao, e nossa irmã Ja. Lembro-me claramente disso porque diversas vezes nos encontramos as três do lado de fora da casa no meio da noite, agachadas para fazer xixi.

Anos antes, eu havia tido um papel importante no casamento de Abrão. Tudo começou porque, ao que parece (os outros comentavam), ele gostava de uma menina do rio Negro, mas lhe foi arranjado um casamento com uma outra moça, irmã do marido de sua irmã mais nova, Main Tawi, que se casou antes dele. Embora o casamento não tenha propriamente uma cerimônia, naqueles dias os parentes de ambos os cônjuges costumavam reunir-se de pé, em uma roda, com os noivos sentados ao centro, e dirigiam-se a eles dizendo, por exemplo, que a noiva deveria fazer comida para o marido e cuidar dele, e que ele deveria caçar, pescar e provê-la sempre de comida. Todos já reunidos, Abrão desapareceu, escondendo-se na casa de um primo. Pediram-me então, como irmã mais velha, que eu tentasse convencê-lo a ir. Conseguiram trazer Abrão até a minha casa, na época o depósito de ferramentas. Fechamos a porta e fiz um discurso ao modo dos parentes wari', dizendo que ele já era um homem adulto, que era o momento de se casar, e que não podia deixar a moça ali, esperando, com todos os parentes em volta. Abrão repetia que não queria se casar, argumentando que tinha planos de estudar e viajar. Ao final, concordou, e seguimos juntos para o lugar da reunião. De pé ao seu lado, vi que Abrão não se mexeu quando os parentes dela disseram para ele levá-la para casa. Então, disse ao seu ouvido, em wari': "Chame-a!". Ele foi em sua direção, pegou delicadamente em seu braço e a levou para casa. Hoje acho que não conseguiria mais atender a um pedido desse tipo, mas, para a minha sorte, Abrão parece ter gostado do resultado. À sua primeira filha ele deu o nome de Aparecida.

Naquela breve visita à casa de Paletó em 2001, decidi que não estava ali para trabalhar, e entreguei-me com prazer a um ócio diário. Acordava, dobrava o meu mosquiteiro amarrando-o no alto, enrolava o saco de dormir e o colchonete e descia o barranco com uma canequinha de ágata em busca da nascente de água, que usava para escovar os dentes e para fazer o meu chá. No meio do dia, com as moças, descia novamente para o banho e à noite remontava o equipamento de dormir. Fiquei tão preguiçosa que desisti de pentear os cabelos, e assim permaneci por uns dias, tornando-me, eu pensava, um ser da natureza, sem espelhos e feliz, até que Paletó, com muito tato, se sentou ao meu lado para dizer que eu era uma moça bonita, e que deveria pentear os cabelos, porque estava ficando horrorosa.

Treze anos mais tarde, na última visita que fiz ao rio Negro, em julho de 2014, Paletó ainda morava na Boca, mas agora na casa de Ja, sua filha mais nova, juntamente com a esposa, To'o, e o filho Davi. Na mesma localidade, a cerca de cem metros de distância, percorridos diariamente por Paletó com o auxílio de uma bengala, ficavam as casas de Abrão e de Main Tawi. Fazia seis anos que eu não ia ao rio Negro, embora tivesse encontrado Paletó em 2012, no Rio de Janeiro, já um pouco debilitado, mas ainda muito lúcido e falante. Quando subi o barranco do rio em direção à casa de Ja, dizendo, como fazia sempre, "pai, pai, eu cheguei", vi que ele estava de costas, agachado na frente da casa, e não se virou para mim. Assustada, perguntei à Ja se ele estava me reconhecendo, se ele ainda se lembrava das pessoas, se tinha "coração", ou pensamento, na língua wari'. Ja riu e disse que evidentemente sim, e que ele viria conversar comigo em seguida. Colocou então um banco em frente ao outro e me mandou sentar. Paletó chegou, segurou em meu ombro e começou a chorar, em um lamento falado que me lembrava o canto fúnebre, dizendo que seu corpo não prestava mais para nada, e que estava triste por eu vê-lo daquele jeito. Foi a primeira vez que vi os efeitos da doença em seu corpo. Seu olhar estava meio vazio, o andar difícil, as juntas rígidas.

A casa era elevada do chão, com uma grande varanda onde havia um fogão a gás, e dividida internamente em dois cômodos abertos para a varanda, cada qual com uma cama de casal, com colchão e mosquiteiro. Em uma delas dormiam Ja, o marido, um jovem da etnia Aruá, sua filha mais velha, adolescente, que teve ainda solteira, as duas meninas filhas do casal, e Davi, seu irmão; na outra, Paletó e To'o. É possível que tanto Davi quanto as meninas circulassem entre as duas camas e os dois quartos da casa, sem pouso fixo, como é comum entre eles.

Sempre gostei demais do Davi, que conheci com sete anos, como um menino sensível, que prestava atenção em tudo, e adorava desenhar. Davi foi vítima de paralisia infantil quando bebê, e jamais andou. Enquanto pequeno, seus pais o carregavam às costas para a roça ou para o rio, mas com o seu crescimento o deslocamento ficou muito difícil. Tentou-se uma cadeira de rodas, mas ela se mostrou inútil no solo tão irregular dos caminhos, e acabou como brinquedo das crianças, que a usavam como uma espécie de carrinho de rolimã. Tornou-se um homem forte, que manteve o bom humor apesar das enormes limitações de sua vida. Se antes podia ser levado até uma canoa para acompanhar os outros em pescarias, em que ele podia mostrar as suas habilidades como remador e pescador, hoje não há mais quem possa carregá-lo, nem mesmo para se banhar no rio, necessitando de ajuda para todas as atividades. Da última vez que o vi, em 2014, ele havia descolorido os cabelos e comprado, com a sua aposentadoria por invalidez, uma antena parabólica e uma televisão, onde assistimos juntos aos jogos da Copa do Mundo, uma das raras vezes em minha vida que torci em um jogo de futebol. Sei quanto Paletó e To'o preocupavam-se com o Davi, com quem deixá-lo quando fossem às outras aldeias, com sua comida e seu banho. Ja tomou para si os cuidados com o irmão, e havia muita cumplicidade entre eles. Durante um dos jogos da Copa, resolvi fazer um bolo recheado de goiabada, para ser assado no fogão da casa deles. Quando distribuí os pedaços entre todos, em meio aos nossos gritos de torcedores, Ja estava atenta para que Davi recebesse o seu.

O quarto de Paletó e To'o nessa casa de Ja era quase que totalmente ocupado pela cama, com uma pequena prateleira ao fundo, onde guardavam objetos e algumas roupas. A maioria delas, entretanto, ficava em uma mala sob a cama, onde To'o guardou com cuidado as roupas que eu trouxe de presente para ele naquela viagem. Dentre elas havia o cachecol vermelho oferecido por meu pai, que ele adorou, e decidiu usar imediatamente, mesmo no forte calor daquele mês de julho. Volta e meia Paletó deitava-se e dormia, e pedia que eu lhe trouxesse água, que tomava com um canudo.

Na parede lateral do quarto de Paletó estavam penduradas duas fotos emolduradas. Uma delas era de Ja, seu marido e suas fihas, e a outra, de uma de suas filhas pequenas, o irmão Davi e uma sobrinha, filha de Main. Intrigaram-me não somente por ser uma novidade isso dos Wari' terem fotos de si mesmos expostas, mas também pelo fato de que estavam vestidos em trajes ocidentais de gala. Ja com um vestido de noiva com saia godê até o chão, e o seu marido de terno e gravata. Na outra foto, Davi aparecia vestido de terno, em pé e ereto, como se não tivesse as pernas atrofiadas. As meninas usavam vestidos de festa, com saias rendadas e armadas. Perguntei a Ja se eles haviam comprado essas roupas, e ouvi, surpresa, que se tratava de fotomontagem, especialidade de um determinado fotógrafo de Guajará-Mirim que fazia sucesso entre os Wari'.

E, soube recentemente, não só entre os Wari': na casa de uma amiga do Rio de Janeiro, mãe de um menino que não pode andar, vi uma grande foto sua de pé, com roupas de rapazinho e com sapatos, presente de sua babá. Dou-me conta então de algo banal, mas que não me havia ocorrido: as fotos não são necessariamente reproduções fiéis da realidade, como costumamos vê-las, mas podem projetar realidades paralelas, desejadas e imaginadas, tornando-as de certa forma reais. A arte da fotografia foi apropriada pelos Wari' não em seu aspecto de fixidez, de espelho do mundo, mas de transformação, de projeção dos corpos em outro mundo, o que não deixa de nos remeter aos xamãs e seus corpos alternativos. Um deles, Maxun Kworain, xamã de grande reputação, tinha as pernas atrofiadas, e frequentemente se mostrava exausto pelo fato de seu duplo queixada, com as pernas perfeitas, correr muito na floresta. De fato, o nome wari' para qualquer reflexo ou imagem é o mesmo para o duplo da pessoa, que vive em outro mundo, durante a vida, no caso dos xamãs, ou depois da morte, para as demais pessoas. Quando estivemos no

Pão de Açúcar pela primeira vez, Paletó ficou surpreso quando um retratista, sem nos pedir licença, fez uma foto dele e de Abrão. Vendo o que o homem vendia ali, Paletó comentou: "Alguém fez as nossas imagens, levou os nossos duplos para colocar em um prato".

Vim a descobrir naquela visita que diversas outras casas tinham fotos do tipo das que vi na casa de Ja, e fiquei pasma ao ver em uma delas um senhor recém-falecido, vestido de terno em uma paisagem de tipo suíça, com montanhas e uma cachoeira. Ao lado desse quadro envidraçado, havia outro com a foto de sua esposa, também falecida, na mesma paisagem, usando um vestido longo. Quando me lembro que, em 1986, os Wari' mais velhos muitas vezes não me deixavam fotografá-los, alegando que, quando morressem a visão dessas fotos deixaria os seus filhos tristes, tento entender o que aconteceu nesses trinta anos para que mudassem tão radicalmente, a ponto de exibir em suas casas fotos de mortos. Provavelmente, como nos casos acima, projetavam uma realidade desejada, no caso dos mortos, a da vida póstuma no céu cristão, um lugar associado ao mundo dos brancos e de aspecto paradisíaco, e onde todos vestem belas roupas e sapatos, do jeitinho como estava Paletó a caminho de lá.

A casa na Boca não foi a última em que Paletó viveu, pois ele passou o seu último ano morando com sua filha mais velha, Orowao Karaxu. Vinda do Mamoré, ela vivia então na Linha 26, uma das aldeias a que se tem acesso por pequenas estradas que saem da BR 364, vinda de Porto Velho, antes da chegada a Guajará, onde ainda se vê sob o asfalto parte dos trilhos da famosa ferrovia Madeira-Mamoré. Embora a chame de irmã mais velha, Orowao deve ter a minha idade e nasceu pouco antes do contato com os brancos. Quando a conheci, no rio Negro, era mãe de quatro meninas e, logo depois, de três meninos, que, por um bom tempo, foram os únicos netos de Paletó. Sua filha mais velha, Toko Pi'am, era uma de minhas amigas meninas, e morreu poucos anos depois, com cerca de quinze anos, já mãe de uma filha, devido a uma segunda gravidez, tubária. Era uma menina incrivelmente bonita. A terceira filha, Tokohwet, foi minha companhia em casa por muitas noites, enviada por sua mãe para que eu não dormisse sozinha. Perdi a companhia quando ela adoeceu com malária, epidêmica no rio Negro na época, e foi obrigada a passar muitos dias deitada em uma rede, com febre alta e vômitos.

Não sei como não peguei malária, diante de tanta gente doente que vi ao meu lado. Só posso atribuir isso ao repelente, que sempre levava em uma bolsinha junto com meu caderno de anotações e uma caneta, às calças compridas, camisas de manga e tênis com meia, que vestia todo entardecer, quando os mosquitos enlouqueciam e, às vezes, mordiam mesmo através da camisa. E, certamente, ao mosquiteiro. Essa preciosa peça de filó não era útil somente contra os mosquitos — protegia também de invasões de baratas. Uma delas aconteceu em 1987, e não me esqueço por ter acontecido no dia do meu aniversário, em abril. Na época, eu vivia no depósito de ferramentas. Dormia sobre uma esteira no chão, forrada com um saco de dormir. Quando abri os olhos, o mosquiteiro, amarelo claro, estava escuro, como se não fosse dia ainda. Demorei um pouco para me dar conta de que estava coalhado, coalhado mesmo, de baratas. Passei um tempo pensando em como sair dali, mas a vontade de fazer xixi me fez dar um salto, levantando o mosquiteiro e espantando com as mãos as baratas que caíram em meu cabelo. Depois disso, fiquei tão à vontade com elas que as matava com as mãos, sem a intermediação de chinelos.

Nunca vivi na casa de Orowao na Linha 26, mas visitei-a em janeiro de 2005, quando passei uma temporada ali perto, na Linha 29, na casa em que Paletó viveu por cerca de dois anos, incentivado por um movimento da Funai para a ocupação de áreas ameaçadas da reserva indígena, o mesmo movimento que havia levado Orowao e a família para aquela região, distante de sua área natal.

Essa pequena aldeia tinha somente duas casas: a de Paletó, To'o e Davi, e a de sua filha A'ain Tot, seu marido e os filhos do casal. Viviam também ali nossa irmã mais nova Ja, ainda solteira, com sua filha, Leila. Na casa de A'ain Tot, ainda à moda antiga, com assoalho e paredes de paxiúba e telhado de palha, sem divisórias, hospedei-me com meus filhos, André, com seis anos, e Francisco, com catorze. Generosamente nos cederam todo um lado da casa. As esteiras de palha, à noite, abrigavam o que me parecia uma infinidade de gente, coberta por um só grande mosquiteiro de pano quadrado. A primeira cena da manhã, quando, um a um, saíam de sob o mosquiteiro ainda armado, lembrava-me uma cena curiosa de um de meus filmes prediletos, *Nanook, o esquimó*, em que um número incontável de pessoas, além de um ou dois cachorros, sai de dentro de uma canoa. No nosso canto da casa, pendurei uma rede para cada um dos meninos e, no meio delas, no chão, ficava o meu colchonete, coberto por meu inseparável mosquiteiro de filó em formato de funil. As redes dos meninos, daquelas que gringos compram em lojas para acampamento na selva, que herdei de um amigo francês, já continham mosquiteiros. Como o espaço era pouco, à noite, conforme eles se mexiam, o meu mosquiteiro, pendurado ali no meio, mexia-se também, e eu acordava.

Isso não me incomodava. Ao contrário, estarmos ali todos juntinhos era bom demais. Sempre tive — pelo menos até uns anos atrás, com as costas em melhor estado — a capacidade de me sentir em casa nos mais diferentes lugares, bastando arrumar um canto fixo para as minhas coisas, que dispunha de modo a poder encontrá-las mesmo no escuro:

cantil, lanterna, repelente, sabonete e minha bolsinha com o caderno e o gravador. A única coisa que me incomodou ali foi um rádio a pilha, que todos os dias era sintonizado, por volta das cinco da manhã, em uma rádio evangélica. Como o rádio não pegava bem, era colocado no volume máximo, e o locutor oscilava entre sussurros e gritos, que me faziam dar um pulo da cama àquela hora da madrugada. Como hóspede, não tive coragem de lhes pedir que diminuíssem o volume do rádio, mas hoje, mais velha e muito mais intolerante, tenho certeza de que o faria.

No mosquiteiro ao lado de nós dormiam A'ain Tot, seus filhos e seu marido, assim como Ja, sua filha e seus dois sobrinhos que estavam passando um tempo ali. A'ain Tot era calada e tímida, e anos antes eu havia vivido com ela um momento bem tenso. Durante uma viagem que fizemos juntas à aldeia chamada Lage Novo, aquela mocinha que não abria a boca resolveu contar aos pais que estava grávida e não sabia quem era o pai. Paletó dirigiu-se a ela furioso e, penalizada, tive o ímpeto de intervir, pedindo que ele tivesse calma, porque, afinal, ela já estava grávida e, agora, também assustada. Os ânimos se acalmaram. A bebê nasceu e foi criada pela mãe e pelos avós, até que A'ain Tot se casou com Moroxin, que adotou a filha como sua. Bom caçador, naqueles dias que partilhamos a casa, volta e meia Moroxin saía com sua espingarda de manhã, e voltava à tarde com uma presa. Uma vez, chegou com um porco-espinho que, mesmo morto, lançou espinhos no André quando ele se aproximou, curioso. Foi um custo para arrancar aquilo da sua pele em meio ao seu choro desesperado. Para consolar, Paletó contou que no passado uma mulher, sem conseguir enxergar bem à noite, pensou que um porco-espinho fosse um tatu e se sentou sobre ele para pegá-lo. Os espinhos entraram em seu ânus e em sua vagina, e ela gritava muito.

Francisco, seu livro e o colar de dentes de macaco, 2005

Foi um período de muito aprendizado para os meus dois meninos. Francisco já conhecia bem as comidas e, pelo que me lembro, tinha uma predileção por cotia. Já adolescente, revezava-se entre a leitura de um dos muitos livros que havia levado, deitado em alguma das casas, e os demorados banhos de igarapé, onde virava criança de novo rolando barranco abaixo até a água. Um dia me disse que gostava mais dali do que de Cambridge, na Inglaterra, onde havíamos morado no ano anterior.

André pegava o seu pequeno arco e sua flechinha, dados por Paletó, e saía em direção ao mato, bem ali perto, dizendo que naquele dia ele mesmo iria pegar comida para nós. Não tinha sucesso, mas seu avô Paletó enchia-se de orgulho, do mesmo modo que ao constatar a crescente destreza do Francisco com o seu arco, resultado dos seus ensinamentos desde que ele era bem pequeno. Muitos anos antes, eu havia filmado Francisco, com três anos, empunhando um pequeno arco e uma flecha, com Paletó segurando os seus braços por trás, para que ele acertasse alguma coisa. Muitas crianças estavam em volta, e corriam cada vez que Francisco apontava o arco para algum lugar, com medo da flecha. Uma dessas crianças era Jânio, filho mais velho de Main Tawi, neto xodó de Paletó, com exatamente a mesma idade do Francisco. Tenho uma foto dos dois com um ano e meio, sentados em frente a um prato de peixe. Jânio comia pedacinhos minúsculos, com cuidado para não engolir espinhas. Francisco, sem saber como comer, precisou da minha ajuda para catar as espinhas de seus pedaços.

Paletó e André, 2002.

Foi na Linha 29 que André comeu pela primeira vez as tais larvas de inseto que se retira de troncos, de que falei antes. Estavam assadas, enroladas em folhas. Todos esperaram para ver se havia gostado, observando-o enquanto ele mastigava. Decepcionou-os. Sua preferência continuou a ser as mãozinhas de macaco assadas, que ele segurava por horas, comendo devagar, tirando a carne de entre os dedinhos, como os meninos lhe haviam ensinado. Aprendeu também sobre a importância da comida quando não se tem um mercado por perto e tampouco uma dispensa com reservas. Certa vez, trouxeram de uma caçada uma arara que, embora ferida, ainda vivia.

Para matá-la foi preciso muito tato, pois ela conseguia voar, fugindo dos predadores. Paletó resolveu que seria Francisco a matá-la, para que ele aprendesse. Com um arco de adulto nas mãos, Francisco acertou a arara quando ela foi ao solo. Talvez por ter gostado da arara, ou por considerá-la um bicho de estimação, André começou a chorar ao presenciar a sua perseguição, e decidi levá-lo para longe, para tomarmos banho no igarapé, enquanto acabavam com aquilo. Mais tarde, To'o nos convidou a comer, e André soube que na panela de alumínio à nossa frente estavam não somente a arara, mas o filhote de macaco que havíamos alimentado com leite em pó por dias. Para minha surpresa, ele não se recusou a comer, e ainda fez questão de que em seu prato puséssemos um pedaço da arara e um do macaco.

Nossos dias se passavam meio arrastados, com banhos no igarapé, curtas caminhadas à floresta, e a atenção à chegada da chuva para corrermos a retirar as roupas do varal. Paletó esteve muito ocupado nesse período, cortando castanha durante todo o dia, retornando à casa de tardezinha. Quando deixava de ir, eu corria à sua casa com o meu gravador, para ouvir as suas histórias. Naquele momento eu estava interessada em gravar sistematicamente versões de todos os mitos que ele conhecia, e não eram poucos. Esse ritmo modorrento foi interrompido por um surto de diarreia que acometeu a mim e aos meninos, provavelmente devido a alguma comida já passada trazida da cidade, que, felizmente, os Wari' não partilharam.

Todos nos encheram de cuidados. Paletó foi à floresta coletar a casca de um cipó para que sua esposa fizesse um chá adstringente, de cor avermelhada, que em pouco tempo curou a mim e ao Francisco, mas não ao André. Já crentes, sempre pediam por nós na oração que faziam antes das refeições, especialmente por André, que ainda estava abatido. Embora o seu estado não me parecesse preocupante, decidi voltar à cidade quando o peguei sentado em um tronco, um pouco afastado da casa, com as mãozinhas juntas, pedindo a Deus, ao modo wari', que curasse a sua diarreia. Não estava mais achando graça na aventura.

Davi controlava o rádio da Funai, que ficava na casa de seus pais, e por meio dele pediu que enviassem um carro para nos buscar. Tenho um encantamento por esses rádios de comunicação a longa distância. São o único modo de comunicação na maioria das aldeias wari', ao menos em todas as que já vivi. Por ele, sabe-se notícias dos parentes doentes, quem está indo de lá para cá, o dia da saída do barco com as encomendas. Certo dia, em fevereiro de 2008, após ouvir uma mulher dizer para a outra, pelo rádio, que estava com saudades, escrevi no meu caderno de campo, provavelmente ainda inspirada no livro que acabara de ler, *Reparação*, de Ian McEwan:

> O telefone da floresta. Uma comunicação tão precária, tão limitada. Tem que se falar somente o essencial, e com muita clareza, porque não se entende bem. Tão bonita essa conversa minimalista, que contém por trás tantos pensamentos não ditos.

Daquela vez, na Linha 29, o rádio foi eficaz como sempre, e o carro da Funai chegou no mesmo dia. Como dali até a cidade não gastaríamos mais do que duas horas, resolvi levar somente um cantil de água para a viagem, e deixei toda a comida com eles. No caminho, o motorista resolveu entrar em uma aldeia para pegar alguém, e ali mesmo o carro quebrou. Para a minha surpresa, ele não andava com ferramentas, e a aldeia, de tão pequena, não tinha rádio. Além do mais, estava completamente vazia. Parados ali, com André enfraquecido e com pouca água, tive um surto de maternidade heroica e tomei a decisão de pegar uma bicicleta que vi jogada no chão e sair pela estrada em busca de ajuda, não sem antes pedir ao Francisco que cuidasse do irmão e guardasse a água para ele. A expedição poderia durar horas, pois as casas mais próximas ficavam a uma boa distância. Por sorte, encontrei na estrada, não muito tempo depois, um homem em sua moto, e pedi que nos ajudasse com suas ferramentas. Em menos de uma hora estávamos de novo na estrada e aprendi a jamais andar sem água e sem comida, vício que mantenho mesmo estando na cidade, para espanto de meus amigos.

Nessa casa e em outras, assim como em minhas casas no Rio de Janeiro, Paletó contou-me por diversas vezes, e de diversas formas, a sua história de vida, que começo a contar aqui, misturando algumas dessas narrativas, gravadas em fitas cassete, MiniDisc e, mais recentemente, em gravadores digitais.

5.
Escapando da morte pela primeira vez

Corria o início da década de 1930. O mundo andava estranho e tenso. Recessão nos Estados Unidos, regimes totalitários emergindo na Europa e uma guerra sendo gestada. Aqui no Brasil, Getúlio Vargas, que logo nutriria simpatias por esses regimes, chegava ao poder com a Revolução de 1930. Rondônia, onde se passa a nossa história, ainda não era estado e nem mesmo território, embora fosse palco de muitas disputas políticas pelo controle da região da fronteira e entre os índios e os seringueiros, que haviam chegado do Nordeste ainda no tempo da I Guerra Mundial, em busca da borracha que alimentava as indústrias, dentre elas a da guerra. Guajará-Mirim, antes um povoado chamado Esperidião Marques, havia sido elevada, em 1929, à categoria de cidade. As terras dos Wari', já cortadas pela construção da ferrovia Madeira-Mamoré nos primeiros anos do século, vinham sendo constantemente invadidas, e os Wari', assim como os seus vizinhos, eram mortos ou então raptados e levados para serem exibidos na cidade. Um pouco antes do nascimento de Paletó, um homem wari', chamado Maxun Taparape, criança ainda, perdera um irmão assassinado pelos brancos e fora raptado na mesma ocasião, levado a viver em barracões de seringa e na cidade. Voltou sem reconhecer mais as pessoas ou mesmo a língua, e foi comigo que Paletó o viu pela primeira vez após esse rapto. Assim se passou também com outras crianças.

Alheios às tensas conjunturas mundial e nacional, mas sofrendo as consequências de seus reflexos na Floresta Amazônica, o grupo dos pais de Paletó havia abandonado as suas terras originais, mais perto do rio Pacaás Novos, por onde circulavam mais intensamente os invasores, e passou a viver ao longo de pequenos igarapés, mais afastados desse fluxo. No momento do seu nascimento, os pais de Paletó estavam, juntamente com outras famílias, em meio a uma caminhada pela floresta, em direção a uma localidade chamada Mapat, onde haviam plantado milho. Souberam, por um rapaz enviado para espiar, que o milho já estava crescido, dando brotos, e decidiram que era hora de se mudarem e de fazerem ali as novas casas, onde viveriam até que o milho fosse totalmente consumido.

Estavam de mudança, de modo que andavam carregando tudo o que tinham: cestos com o milho antigo, arcos, flechas, afiadores, panelas de cerâmica e machados de pedra. Imagino que não levassem as esteiras de dormir, já que rapidamente poderiam confeccioná-las ao chegar. Como não usavam qualquer tipo de roupa, com exceção de um eventual cipó amarrado na cintura para os homens, que prendia o prepúcio no alto, não carregavam tecidos, embora usassem um fuso para fiar o algodão, usado para produzir enfeites de arcos e dos braços em caso de festas. Certamente carregavam um pau com uma brasa acesa, ou resina queimando enrolada em folhas, já que não sabiam produzir o fogo. Caso o fogo se apagasse, teriam que buscá-lo em outra localidade. Esse era um risco que sempre corriam, até que, após o contato, descobriram os fósforos, e depois os isqueiros, sempre muito desejados.

As mulheres são as que mais carregam peso, pois são elas que levam as crianças pequenas enganchadas em sua cintura, penduradas por um cipó que se apoia no ombro oposto. Além disso, levam o cesto de carga, apoiado nas costas e sustentado na testa por uma alça, geralmente carregado de milho ou frutos silvestres, no caso das expedições de coleta. Nos deslocamentos prolongados, como no caso da família de Paletó, os cestos podiam conter todos os pertences, como as panelas de cerâmica, a pedra ovalada para moer o milho, alguns machados de pedra, e mesmo penas de aves para enfeites, misturados às espigas de milho. A mãe de Paletó, com a sua grande barriga, provavelmente estava carregada assim, como vi acontecer com diversas mulheres grávidas em minhas viagens com eles pela floresta. Os homens eventualmente carregam um cesto às costas, com a alça apoiada no peito e não na testa. Geralmente o fazem quando transportam carne de caça já assada, após expedições mais longas e, no passado, carne de inimigo, levada para ser comida em casa por aqueles que não haviam participado da expedição. Muitas das vezes é um cesto improvisado, feito na floresta com folhas e cipó. No caso dessa viagem, é provável que as mulheres carregassem as crianças nas tipoias e todos os pertences em seus cestos, além do fogo em uma das mãos, deixando os homens livres com seus arcos e flechas, prontos para correr atrás de alguma presa.

Caindo a noite, o casal e os que os acompanhavam pararam para dormir ao lado de um igarapé, deitando-se sobre folhas de palmeiras arrumadas sobre o chão, ao lado do fogo. Foi quando a mãe de Paletó, chamada Orowao Karaxu, nome que depois foi passado à filha mais velha dele, entrou em trabalho de parto de Paletó. Não era seu primeiro filho. O mais velho, Manim, havia nascido quando ela era bem jovem, "como você quando teve o Francisco", situou-me Paletó. A ele seguiu-se uma menina e, depois de Paletó, outra, que veio a tornar-se mãe de Awo Kamip, hoje o principal pastor evangélico do Rio Negro-Ocaia.

A mãe de Paletó era do subgrupo OroNao', e O'Werek, o pai, havia migrado ainda jovem do território vizinho, do subgrupo OroAt, para viver entre os parentes de sua mãe, na região onde andariam no momento do nascimento de Paletó. Preciso explicar que os Wari' dividem-se em oito subgrupos, que no passado eram relacionados a territórios específicos, vizinhos uns dos outros. São os OroNao', OroEo, OroAt, OroWaram, OroWaramXijein, OroMon, OroJowin e OroKao'OroWaji. Naquele tempo, os casamentos entre pessoas de subgrupos diferentes, embora ocorressem, não eram assim tão frequentes, de modo que, embora se conhecessem bem, falassem a mesma língua e participassem juntos de festas, diferiam no sotaque, nas versões dos mitos, no modo de construção de suas casas e nos tabus alimentares.

Todos contam que o pai de Paletó viveu tanto tempo entre os parentes da mãe que já não se notava o seu sotaque OroAt e chegavam a dizer que ele havia se tornado OroNao'. Isso se manifestou claramente na escolha do subgrupo a que pertencem os seus filhos; ao contrário do que costuma acontecer com filhos de casais mistos, que seguem o subgrupo do pai, Paletó e seus irmãos eram OroNao', como a mãe. Mais recentemente, com a atribuição a eles de carteiras de identidade, por conta de um equívoco de uma missionária que listou os nomes, e tomou como regra os filhos serem do grupo do pai, Paletó, para seu espanto, tornou-se Watakao' OroAt. Do mesmo modo, seus filhos tiveram o nome OroAt associado aos seus nomes, com exceção de Abrão, que se recusou terminantemente a aceitar isso. Vivendo toda a vida como OroNao', Paletó costumava brincar imitando o sotaque de seus parentes OroAt, que se diferenciavam também por fazer suas casas bem altas, às quais se tinha acesso por uma escada.

No dia do nascimento, assim que amanheceu, O'Werek saiu para caçar aves, costume entre os homens wari' durante o parto de suas esposas, que eles não devem presenciar. Além disso, o caldo das aves vai servir de alimento para a recém-parida. A partida para a caça é o gesto definitivo de assunção da paternidade, e homens que não desejavam assumi-la, alegando que outro homem havia gerado o bebê, simplesmente ficavam nos arredores da casa durante o parto. Permaneceram ali, dentre outras pessoas, o seu irmão mais novo, Torein, além de uma mocinha, To'o Min, que auxiliou a parturiente, sua tia, que ela chamava de mãe.

Cortado o cordão umbilical com uma lâmina de bambu, notaram que o bebê tinha um caroço grande na lateral da testa. Ao ver o menino, o tio Torein preparou-se para flechá-lo, distendendo a corda do seu arco na direção dele. To'o Min, a mocinha, com o bebê nas mãos, ainda não lavado, correu com ele floresta adentro, tentando salvá-lo. Torein seguiu-a, mas não a alcançou. Na casa, estava Toro, a quem Paletó também viria chamar de pai. Toro era xamã macaco-prego, ou seja, tinha um duplo com corpo de macaco-prego, vivendo entre os animais. Assim que To'o Min voltou com o recém-nascido, Toro pediu que ela o lavasse, olhou para ele e disse: "A cabeça de nosso filho está inchada à toa! Vou cortar [o caroço]!". Pegou uma lâmina de bambu e cortou, retirando com as mãos o seu conteúdo, que lhe pareceu ser sangue coalhado. Paletó disse-me que chorou, e depois riu ao constatar que naquele tempo, por ser um bebê, não tinha consciência e certamente não se lembrava do que sentiu.

Toro entregou o bebê à mãe, e só então ele foi colocado no peito para mamar, sinal importante do reconhecimento da humanidade da criança. Crianças deficientes e órfãs não chegavam a mamar antes de serem mortas, já que não havia quem as alimentasse ou as transportasse. Fui testemunha das enormes dificuldades geradas por adolescentes e adultos sem autonomia motora, dentre elas o próprio filho de Paletó, Davi, mesmo nos tempos mais recentes, quando as grandes distâncias entre uma moradia e outra não são mais transpostas por caminhos na floresta, mas por canoas a remo ou movidas por rabetas, pequenos motores de baixa potência, geralmente de 12 ou 15 HP, cuja hélice se encontra no final de um comprido cabo de metal, com aparência de um rabo. Se Paletó tivesse sido morto antes de mamar, o seu funeral seria diferente das crianças e adultos propriamente wari'. Ele não seria chorado e comido por seus afins com delicadeza e com o auxílio de pauzinhos. Poderia ser comido pelos próprios parentes, como Torein, por exemplo, com exceção de sua mãe. Uma vez, em minha casa, em uma de nossas encenações didáticas do canibalismo funerário, o morto era justamente um bebê que não tinha pai, e que foi morto por enforcamento pelo tio materno, instruído pelo avô. Depois de lavado com areia, para que todo vestígio de sangue desaparecesse, foi assado em moquém, ainda fresco, como dizem os Wari' para se referir a um corpo não apodrecido, e comido pelo próprio avô, que volta e meia agachava-se para chorar, assumindo a posição de avô propriamente dito. A mãe, papel que assumi em nosso teatro, chorava agachada, longe da cena, mas nada fez contra a decisão de seu pai.

No entardecer do dia do nascimento, o pai, O'Werek, chegou carregando pequenos pássaros. To'o Min, que o chamava de irmão mais velho, embora fosse sua parente distante, correu até ele e contou que Torein queria flechar "o nosso filho", que ela havia fugido com ele, e que Toro finalmente havia cortado o caroço. O'Werek, com raiva, foi até Torein e lhe perguntou por que fizera aquilo, ao que ele respondeu: "Achei que era criança estranha, um fantasma". No dia seguinte, Torein foi ver o bebê e se arrependeu: "Por que eu quis flechar o filho de meu irmão mais velho? Eu estava doido". Como se dizia crente (evangélico) no momento dessa narrativa, Paletó acrescentou: "Foi como aconteceu no nascimento de Jesus, com os brancos de antigamente". Foi então que o pai o carregou no colo, outro sinal importante de aceitação da paternidade.

Até então ele não tinha nome. Alguns dias depois, recebeu o seu primeiro nome, Pixon, que havia sido o nome de um parente morto. Certamente um morto antigo, já que não se pronunciava nomes de mortos recentes, para não se causar dor nos parentes. Durante a vida, mudou de nome diversas vezes, seja porque algum homônimo morreu, seja porque se suspeitou de feitiçaria, que tem como premissa o conhecimento pelo feiticeiro do nome da vítima. Depois de Pixon, teve os seguintes nomes: Tem Xini, Wao Hwara Winain, Pariri, Mijain Wam, Wan Hon OroNao', Manim (provavelmente depois da morte de seu irmão com esse nome), Wao Wi, Tokorom Xok e Watakao' Oromixik. Quando, ao acabar de ouvir a lista, perguntei-lhe por que tinha tido tantos nomes, ele deu uma das respostas mais comuns dos Wari' para perguntas desse tipo: "É esse o nosso jeito".

Ao fazer a genealogia dos Wari' do rio Negro, a prática de troca de nomes dificultou demais o meu trabalho, pois enquanto alguns se referiam a determinada pessoa por seu nome de infância, por exemplo, outras se referiam a ela por nomes mais tardios. Assim, passava semanas acreditando que determinadas pessoas haviam sido geradas por pais diferentes, quando de fato se tratava de um único pai, com nomes diferentes. No meu convívio diário com eles, percebi que a troca era lentamente assimilada. Quando morreu Pakao', esposa do irmão de Paletó, uma corresidente com o mesmo nome passou a chamar-se Moroxin We. Demorei a acertar o nome ao me dirigir a ela, e notei que meus amigos wari' volta e meia também se referiam a ela como Pakao', embora nunca na frente do viúvo, que ficaria triste demais ao ouvir esse nome. Com a passagem do tempo, e a cura gradativa da dor, a filha deles trocou de nome e assumiu o nome da mãe.

A troca de nomes era ato tão corriqueiro que, em 2003, durante uma expedição à região do rio da Laje, um homem me disse que, quando ouviam trovoadas, todos trocavam de nomes. Mesmo que os parentes próximos já mortos continuem a ser os nomeadores ideais, atualmente os nomes wari' originam-se também de pessoas mais velhas, ainda vivas, passados aos seus netos e netas. Certa noite, durante essa expedição ao rio da Laje, todas as pessoas resolveram trocar seus nomes, e Paletó deu-me um dos nomes de sua mãe, Moroxin Xererem, para substituir o nome que me havia sido dado por meu pai Wan e' muitos anos antes, To'o Orowak, o mesmo de sua filha. O meu novo nome não pegou, ou seja, ninguém me chamou assim depois daquele dia, e acho que os novos nomes adotados ali por meus amigos tiveram o mesmo fim.

Atualmente, junto com o nome wari', muitas crianças também recebem um nome brasileiro, inicialmente uma exigência dos brancos que lidam com eles, e que têm dificuldade em compreender os nomes indígenas para escrevê-los em seus formulários e fichas. Os Wari' tomaram essa imposição a seu favor, conseguindo assim ampliar o seu estoque de nomes, e garantir nomes sempre originais para os filhos, protegendo-os de ataques de feitiçaria dirigidos aos outros, que correriam risco de vida caso respondessem, por engano, ao chamado de um feiticeiro que se dirigia ao homônimo. Para mim, o efeito mnemônico desses novos nomes foi no sentido oposto dos demais brancos, pois tenho enorme dificuldade em me lembrar dos Darvinson, Valdenisa, Arteilce, Dailson, e mesmo do pequeno Valdico que conheci nos anos 1980, cujo nome havia sido inspirado pelo cantor Waldick Soriano.

No passado, assim que o bebê recebia um nome, a mãe também trocava o seu, pois passava a ser chamada pela composição "com + nome do bebê", nome que manteria até o nascimento do próximo filho. O nome Orowao Karaxu, pelo qual Paletó se refere à mãe, era provavelmente o seu nome de infância. No momento do nascimento de Paletó, sua mãe chamava-se "com Tokohwet", nome da filha que antecedeu Paletó. Com o nascimento dele, tornou-se "com Pixon", primeiro nome dele. Watakao' foi seu último nome wari', antes de adotar aquele da única roupa que o encantou, o paletó.

Orowao Karaxu ficou alguns dias deitada no mesmo lugar do parto, sobre folhas sempre novas. Os Wari' têm muito cuidado para que pessoas que sangram ou que lidaram com o sangue não adentrem a floresta, pois o cheiro típico pode ser farejado ao longe pelas onças, que então fazem da pessoa a sua presa. É possível que por essa razão tenham se deslocado quanto antes para a nova moradia, em Mapat. Paletó não mencionou esses detalhes. Os tabus alimentares da mulher recém-parida eram, no passado, muito estritos. Não se comia carne de caça nem diversos tipos de peixe. O pai, respeitando as mesmas interdições, não deveria fazer muito esforço ou ir muito longe, pois o duplo do bebê poderia segui-lo e perder-se na floresta. Também não se deitava ao lado da esposa, de modo a se proteger do sangue. Hoje em dia, as recém-paridas passam os primeiros dias dentro do mosquiteiro de pano sob o qual tiveram o bebê, e imagino que não haja mais interdições alimentares, já que todas foram suspensas na vida cristã.

O caroço na cabeça não foi o único problema de saúde de Paletó. Segundo me contou, quando menino pequeno ele sofria de algo que os Wari' chamam de falta de senso ou loucura, que associam a uma deficiência na visão, o que o levava a fazer coisas estranhas, como não reconhecer as pessoas. Novamente o xamã Toro o curou, tirando de seus olhos pelos de caititu e penas de pássaro que causavam a deficiência. Durante a vida, ele sofreu diversos outros episódios de agressões por espíritos de animais, e em um de seus relatos me disse que a tremedeira de uma de suas mãos se devia a elas. Um dia, ao atirar em uma cobra em uma árvore pensando ser um macaco-prego, teve o seu corpo flechado pela cobra em várias partes e voltou para casa doente. Não se sabia o que ele tinha e, ao cabo de alguns dias, como sua barriga estava muito inchada, levaram-no para o hospital em Guajará, onde foi operado por um médico. Já se recuperando na Casa do Índio da cidade, vários xamãs foram vê-lo, e foi um deles, Xowa, que fez o diagnóstico, constatando que ele estava se transformando em cobra. Tiraram de seu corpo o urucum e o óleo de babaçu que a cobra, que é gente, usa para se enfeitar, e os mostraram a ele. Viram seu corpo envolvido em pele de cobra, confirmando que ele estava se transformando nesse animal. Ele então se deu conta: "Ei, estou me transformando em animal estranho!". Wan e', xamã-queixada, disse que ele deveria se tornar xamã, e passar a seguir as cobras, mas Wem Karamain, xamã-traíra, não deixou de modo algum que isso acontecesse: "Não vamos deixar o meu irmão sofrer! Vamos retirar de seu corpo todos os vestígios da cobra!". Finalmente, untaram todo o seu corpo e ele se curou. A profecia de Toro, que o curou quando menino, foi realizada. Ao curá-lo, ele disse: "Você vai viver, vai continuar vivo mesmo depois que eu morrer".

Paletó conta que cresceu um pouco em Mapat, talvez a ponto de engatinhar. É provável que tenham passado um ano ali, pois era o tempo de se esgotar o milho armazenado, e partirem para outra localidade. Nesses deslocamentos, nem todos os habitantes seguiam juntos. Alguns deles decidiam acompanhar outros parentes e tomavam outro rumo, para no futuro encontrarem-se novamente em uma nova aldeia ou, no meio-tempo, visitarem-se para beber chicha e dançar. Paletó me ensina que os Wari' eram assim, iam de uma localidade para a outra, deslocando-se todo o tempo. Pela minha experiência andando com eles, cada um desses deslocamentos durava de dois a três dias. Não tinham pressa, pois os dias na floresta eram aproveitados para caçar, coletar mel e frutos.

E não só ao se deslocarem de uma aldeia para a outra. Assim que plantavam o milho, por volta de setembro, logo antes do início da estação chuvosa, todos os habitantes tinham que abandonar o local, passando cerca de dois meses na floresta. Tratava-se da "fuga do milho", pois esse, com vontade própria, não podia ser visto crescendo, ou desistia de fazê-lo. Partiam com tudo o que tinham até que enviassem alguém para, discretamente, espiar o tamanho do milho, e dar a notícia aos demais. Antes de chegarem, as mulheres tinham que tomar banho, pois se o milho sentisse o cheiro delas poderia murchar. Foi nesse momento de deslocamento que a mãe de Paletó sentiu as dores do parto.

De Mapat o grupo de Paletó atravessou o rio chamado igarapé da Gruta e chegou a Pin Karam, atravessando-o novamente no ano seguinte, quando foram para Xi Kam Araji. Paletó se lembra de ser carregado em uma tipoia de cipó por sua mãe, que usava um pau como bengala para lhe dar suporte. Dali seguiram em direção à cabeceira do igarapé Santo André e instalaram-se em Mana To' onde, segundo Paletó, ele já era crescido o suficiente para andar e saber das coisas. Calculamos juntos, ao comparar o seu suposto tamanho com o de um filho de Abrão, que ele teria cerca de três anos. Provavelmente estávamos na segunda metade dos anos 1930.

6.
O primeiro branco e outras guerras

Foi em Mana To' que Paletó viu, pela primeira vez, um branco, ou melhor, um braço e uma perna de um branco, no caso um seringueiro, que o pai dele havia ajudado a flechar no rio Pacaás Novos. Desde que a maioria dos grupos indígenas vizinhos foi exterminada, os brancos passaram a ocupar o lugar de inimigos principais, vindo a tornar-se os mais violentos inimigos que os Wari' haviam conhecido, como veremos adiante na narrativa de Paletó sobre o massacre sofrido por sua família. Viviam em guerra, estado que se acentuou nos anos 1940, com a entrada de uma nova leva de seringueiros em suas terras, que os atacavam com espingardas e metralhadoras.

Ao sofrerem ataques, os Wari', primeiro tristes e depois raivosos, revidavam, matando qualquer branco que lhes cruzasse o caminho. Algumas vezes as incursões às casas de seringueiros envolviam também a procura de ferramentas de metal, e eram deixadas intocadas as comidas, as roupas e as redes. Paletó contou-me, entretanto, que, um dia, encontrando um cachorro, mataram-no e comeram-no. Ele riu do meu espanto, dizendo que comeram mais de um cachorro, e que era bom.

Nem sempre era possível carregar pedaços do morto, pois diversas vezes tinham que sair correndo ao serem perseguidos. Era sempre bom quando podiam fazê-lo, para poderem mostrar o corpo do inimigo morto àqueles que ficavam na aldeia. Geralmente levavam a cabeça, os braços abaixo dos ombros e as pernas abaixo dos joelhos. O tronco era deixado intacto. Muito pesado, diziam eles. Algumas vezes cortavam o saco e o pênis para mostrar às mulheres, e então jogar fora, pois não comiam.

Naquele dia específico, como acontecia sempre que matadores retornavam à aldeia, um dos homens que viviam no local gritou: "Os matadores mataram inimigo! Os matadores mataram inimigo! Vamos cortá-lo! Chegou a carne de inimigo com os matadores!". O pai de Paletó o chamou para que ele flechasse o inimigo. Menino, ele pegou o seu pequeno arco e uma flechinha, e acertou os dedos do inimigo, que saíam do cesto usado para carregar os membros. Outros vieram e flecharam também, inclusive os homens adultos que haviam ficado em casa.

Paletó se lembra que as mulheres, com medo do inimigo, mesmo morto, disfarçavam dizendo que precisavam ir ao mato fazer xixi, ou que estavam apertadas para defecar, e saíam de cena. Os homens cuidavam do assamento. O pai de Paletó, provavelmente um dos líderes da expedição guerreira, disse aos demais: "Assem a minha presa!". Cortaram lenha, prepararam um moquém e colocaram o braço e a perna sobre o fogo. E então aconteceu uma coisa estranha que, segundo ele, era muito comum quando se assavam inimigos. Primeiro, o braço se deslocou e caiu no chão. Colocaram-no de volta com a ajuda de um pau. Depois, foi a vez de a perna cair.

Assado, o inimigo foi comido por aqueles homens que não tinham ido à expedição. Às vezes, alguma mulher destemida também comia. Comia-se de um modo muito diferente do usado para comer a carne de um morto wari' no funeral, que geralmente era assada quando já estava podre, e comida com delicadeza. Comia-se o inimigo com raiva, arrancando a carne diretamente dos ossos, como se faz com as presas animais. Matar o inimigo era um ato de vingança por uma morte causada a um Wari'.

Embora não tenha comido por ser muito pequeno, Paletó contou que o inimigo morto por seu pai tinha uma carne gordurosa, o que é a principal qualidade de uma presa. Os ossos não eram queimados como os dos mortos wari', mas jogados no mato, como os de caça. Os matadores não podiam comer porque levavam em seu corpo o sangue do inimigo morto, que os fazia engordar depois de um período de reclusão de alguns meses, durante o qual somente bebiam chicha de milho e evitavam se mover. Era um estado tão desejado que os Wari' diziam que matavam os inimigos para engordar, ou então para engordar as suas mulheres, o que acontecia ao final da reclusão, quando a interdição das relações sexuais era suspensa.

Era o único momento em que os Wari' se deitavam em redes, um pouco diferentes daquelas que conhecemos. Era um suporte trançado de cipó, pendurado em duas pontas, e forrado com esteiras. Em cada uma deitavam-se dois ou três matadores. Desciam dessas redes somente para receber a chicha oferecida por suas parentes e esposas através de uma barreira de folhas que cercava a casa onde estavam. Elas não podiam ser vistas, para não despertar neles desejo sexual que, se satisfeito, não os permitiria engordar. Mas os rapazes não desistem à toa. Paletó contara que, mais velho, aprendeu que se podia burlar essa interdição de sexo durante a reclusão ao colocar um escorpião morto entre o seu corpo e o da mulher. O seu pai, entretanto, não teve o mesmo cuidado: em uma expedição para matar inimigos ele foi o único dos guerreiros a não engordar, por não ter resistido ao sexo.

Os matadores desciam da rede também para dançar, segurando, debaixo do braço, uma pequena esteira enfeitada com duas penas de arara, que apareciam acima da cabeça, e tocando uma pequena flauta feita de bambu com um coquinho furado na ponta. Todos contam que eles ficavam orgulhosos, cheios de si, nesse período. Saíam da reclusão lindos, não só porque estavam gordos, mas porque tinham os cabelos compridos, à altura dos ombros, estilo exclusivo dos matadores. Eram disputados pelas mulheres e faziam tanto sexo que logo emagreciam.

Há muitas diferenças entre a guerra dos Wari' e as nossas guerras, entre outras coisas porque, diferentemente dos brancos, que matavam o maior número possível de pessoas, para os Wari', um inimigo morto era suficiente tanto para a vingança quanto para a constituição dos homens como matadores — nisto se tornavam também aqueles que flechavam o corpo já morto, ou mesmo um pedaço dele, já na aldeia.

Mesmo após a chamada pacificação, e até recentemente, os brancos eram chamados, em conjunto, pelo termo inimigo. Embora não fizessem mais guerra com eles, ela persistia como um espectro e como possibilidade futura. Assim que cheguei, referiam-se a mim como inimiga, ou mulher de inimigo. Mas, ao começar a fazer parentes entre eles, minha posição variava dia a dia: quando comi as larvas, tornei-me Wari', quando me esquecia de suas palavras, era novamente inimiga. Quando certa vez observei, brincando, como fazem os mais velhos, que os jovens estão virando brancos, ao referir-me às suas roupas, gostos musicais e linguajar, minha irmã e xará, To'o Orowak, filha de Wan e', retrucou imediatamente: "Se tivéssemos rabos! Somos Wari'! Só o que falamos pode soar estranho [referindo-se às palavras em português usadas com frequência pelos jovens]". Em outra ocasião, no Rio, perguntei a Paletó por que ele havia passado a se referir aos habitantes de minha cidade como Wari' e não mais como *wijam*, branco, inimigo. "Se fossem animais!", ele respondeu. Fui compreender assim que os inimigos, para os Wari', fazem parte de uma categoria mais ampla, *karawa*, que se refere aos animais. Comê-los é uma forma de reiterar essa identidade.

7.
A pedra do machado, o sonho com Paris e a casa dos solteiros

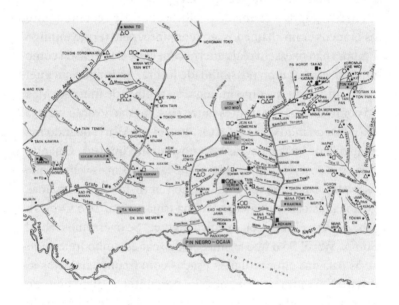

De Mana To', a família de Paletó foi para um pouco mais longe, a Terem Matam, nas proximidades da área habitada pelo subgrupo OroAt, dos parentes paternos de Paletó. Nesse tempo, Paletó já sabia flechar pequenos animais, como preás, que levava para casa para comer, e reconhecia as pessoas. Estava crescido. Dali seguiram sucessivamente para Hwet Pe Maku, Jein Ka Komerem, Tak Wiowio e Koromija Kao Wijam, na direção das nascentes do igarapé Ocaia.

Estavam próximos a uma importante localidade, chamada Kit, terra do subgrupo OroEo, localizada no alto curso do rio

Negro. Kit quer dizer pedra de machado, e o nome deve-se ao fato de ser ali o único lugar em que encontravam essas pedras, o que o tornava um lugar de grande circulação de pessoas, vindas de todas as localidades, algumas delas situadas a muitos dias de caminhada. Chegando lá, os visitantes dirigiam-se aos que ali viviam e pediam para ser levados ao local onde havia as pedras, encontradas soltas no solo ou em buracos. Pegavam uma grande pedra e a levavam às costas, para então quebrá-la deixando-a cair no chão. Eram os pedaços menores que os interessavam, e com os quais enchiam os cestos que levavam de volta para casa, onde as pedras seriam polidas, afiadas e encabadas. Era também em Kit que encontravam a resina que usavam para colar a pedra no cabo de madeira. Agradecidos, deixavam presentes para os moradores, como panelas, flechas, penas. Algumas vezes chegavam também para dançar, fazer festa, e a coleta de pedras tornava-se algo menos importante, a ser realizada no fim da festa.

Fui com eles a Kit em 2002. Era uma grande expedição, que tinha o intuito de visitar essa região, para a qual os Wari' nunca haviam retornado desde o contato pacífico com os brancos, ali ocorrido em maio de 1961. Éramos um grupo grande, composto em sua maioria por homens do subgrupo OroEo, gente que havia nascido na região de Kit. Saímos do posto Rio Negro-Ocaia em duas canoas com motor de rabeta. Uma das rabetas pertencia a meu irmão Abrão, e a outra, a nosso cunhado Orowao Kun. Dormimos a primeira noite na aldeia Ocaia II, edificada no local conhecido como Barracão Velho, que nos anos 1960 abrigou a equipe de pacificação do Serviço de Proteção ao Índio, o SPI. As outras três outras noites, acampamos na floresta.

Eu ficava admirada com a rapidez com que os Wari' faziam de um pedaço de floresta um local de abrigo. Limpavam o chão e o forravam com folhas de bananeiras ou de palmeiras, amarravam os seus mosquiteiros quadrados em galhos de árvores, faziam fogo para assar os peixes ou as caças que haviam pegado no caminho, comiam e iam dormir. Eu e Beth Conklin, a minha comadre antropóloga, havíamos levado uma barraca de camping de dois lugares, e os Wari' eram prestativos em nos ajudar a montá-la. Acordávamos com os sons das pessoas se arrumando, e tínhamos que desmontá-la às pressas para seguir viagem. Para eles, bastava desamarrar e dobrar o mosquiteiro.

Mas a pressa toda era esquecida quando vislumbravam a possibilidade de caçar. Atracavam as canoas e saíam correndo pela floresta. Muitas vezes eram as mulheres que atiçavam os homens para isso. Andando na floresta, as mulheres passavam todo o tempo atentas às árvores frutíferas, mas também procurando rastros de caça. Certa manhã, enquanto navegávamos de volta, minha irmã Orowao disse que sentia cheiro de queixada. Os barcos estavam repletos de caças assadas, e os homens inicialmente ignoraram as suas observações. Mas ela tanto falou que eles pararam nas margens para procurar as pegadas dos animais, que de fato encontraram. Dali saíram correndo com as suas espingardas, e nós, todas as mulheres, ficamos sentadas nas canoas esperando a volta dos caçadores com as presas.

Em uma das noites que se seguiu a um dia de caçadas bem-sucedidas, meu irmão Abrão me preparou uma iguaria: fígado de queixada frito, na manteiga que havíamos levado. A carne, macia, dissolve-se na boca e, penso agora, não deixa de lembrar um *foie gras*. Talvez esse prazer tenha me preparado para o sonho que anotei em meu caderno no dia seguinte, depois de uma noite sobre um assoalho de madeira repleto de protuberâncias, que me deixou cheia de dor nas costas: estava em Paris, e via, através das janelas, pessoas deitadas em colchões os mais diversos, que formavam pilhas, uns sobre os outros. O prazer gustativo levou-me a sonhar com o paraíso sensorial dos colchões macios e com a terra nativa dos fígados de ganso gordurosos.

Sentadas lado a lado por horas a fio dentro da canoa com a rabeta, conversei longamente com minha irmã Orowao sobre diversos assuntos. Foi quando eu soube dos chás que se tomavam para que a menstruação fosse suave, com pouco sangue, sendo um deles de cabelo de milho. Surpresa, descobri também que Orowao não sabia se tinha rugas, pois não se olhava no espelho. De fato, é surpreendente a dificuldade de encontrar um espelho nas casas wari', e certa vez, depois de muito procurar, consegui um pedacinho de espelho guardado. Sábias mulheres.

Em uma conversa noturna, deitados sob a lua cheia, ali nas margens do rio Negro, Pelé, um homem jovem, perguntou-me se os brancos já haviam pisado no sol, como fizeram na lua, e, depois de Abrão explicar que a lua é como uma placa solar que armazena a luz do sol, A'ain Xit me contou sobre os irmãos míticos Sol e Lua. A conversa passou para satélites e astronautas, e eles se surpreenderam quando Beth contou que estes morreriam e ficariam flutuando caso se soltassem no espaço. Logo quiseram saber se eles apodreceriam, e minha irmã Orowao disse, rindo, que não beberia mais água da chuva, porque ela poderia conter líquido podre de astronautas mortos. O tema do céu e da noite me levou a aprender que o modo de precisar o período da noite, ao narrarem um fato passado, é apontando para determinado ponto do céu, onde estaria o sol na hora do dia equivalente àquela hora da noite, e dizer: a imagem do sol estava ali.

Era maio e o rio Negro estava já quase seco, especialmente em seu curso mais alto, para onde nos dirigíamos. Orowao Kun, meu cunhado, marido de Orowao, é do subgrupo OroEo, havia vivido em Kit quando jovem e nos servia de guia. Várias vezes tínhamos que parar e seguir a pé pelo rio, enquanto os homens carregavam as canoas e as rabetas. Na véspera da chegada a Kit, tivemos que deixar de vez as canoas, seguir a pé por algumas horas e dormir em outro acampamento. No dia seguinte, bem cedo, chegamos.

Para mim foi emocionante chegar a Kit, por ter ouvido falar daquele lugar por tantos anos. A paisagem era a de uma floresta alta, quase sem árvores de tamanho intermediário, chão limpo, e logo encontramos fragmentos de panelas de barro e muitas pedras de machado pelo chão, já afiadas, como que jogadas fora. Provavelmente haviam se desprendido do cabo ou se quebrado, o que era frequente, segundo os Wari', e os fez se encantarem tão rapidamente pelos machados de metal dos brancos. Não é simples entender por que chamam aquilo de roça, quando na verdade parece uma floresta. O fato é que roça é o nome de toda localidade que já foi habitada pelos Wari', e onde se encontram determinadas espécies vegetais características de floresta secundária, algumas palmeiras, como o babaçu, aricuri, paxiúba, murumuru, e outras espécies cultivadas, como o cacau e o limoeiro bravo, cujos espinhos serviam para furar a orelha dos rapazes. Toda área de floresta primária, sem sinais de ocupação passada, é chamada de floresta. Assim, todos os nomes listados aqui das aldeias habitadas por Paletó são, na verdade, localidades de tipo roça, já habitadas antes e nominadas, mesmo que por anos tenham sido abandonadas.

Foi em Tak Wiowio, a oeste de Kit, que Paletó se mudou da casa dos pais para a casa dos rapazes solteiros, chamada *kaxa'*. Tratava-se de uma casa como as outras, com um estrado de paxiúba elevado do solo, aberta dos lados e coberta com um telhado de folha de palmeiras de uma só água, que descia até o chão, fazendo como uma parede nos fundos da casa, justamente onde colocavam um comprido tronco de madeira que servia de travesseiro. Nas casas familiares, esse chão era coberto por esteiras, sobre as quais se deitavam marido e esposa, com as crianças no meio (às vezes havia mais de uma família por casa). No caso de homens com duas esposas, como era frequente, e como foi a situação de Paletó por um período, o homem dormia no meio e cada esposa de um lado, com os respectivos filhos entre eles. O *kaxa'* diferenciava-se por não ter esteiras, porque não dormiam ali mulheres que as tecessem. Os rapazes deitavam-se diretamente sobre a paxiúba. Como o estrado era curto, do mesmo modo que nas casas familiares, os rapazes deitavam-se com a cabeça no tronco e os joelhos dependurados na borda do estrado, com as pernas caídas para baixo. Sempre havia um fogo sob o estrado, que aquecia e espantava os insetos e os outros animais.

Segundo Paletó, seu pai disse a ele que fosse para o *kaxa'* que havia sido construído ali por Jimon Pan Tokwe, também jovem que, mais tarde, veio a se casar com uma irmã de Paletó. Perguntei-lhe se não ficou triste, ou se sua mãe havia ficado triste com a mudança, pensando eu mesma em meu filho Francisco morando longe. "De modo algum", ele me respondeu. Todos os que cresciam iam para o *kaxa'*, que ficava a poucos metros da casa dos pais. Junto com Jimon e Paletó estavam também Hwerein Pe e', seu sobrinho, morador do rio Negro que conheci bastante, e o irmão mais novo dele, Wao Em', que mais tarde foi morto por índios de outra etnia em uma emboscada. Esses rapazes dormiam ali, mas passavam o dia circulando pelas casas, sendo alimentados por suas mães ou irmãs. Era ali também que os homens se reuniam depois de uma caçada para relatar as aventuras, e onde faziam o resguardo depois da guerra, quando a casa recebia barreiras de folhas de palmeiras para isolá-los dos demais, sobretudo das mulheres. A não ser por esse momento, entretanto, a casa dos homens não era interditada às mulheres, que se sentavam e ouviam as conversas quando queriam.

Assim que cheguei ao rio Negro, em 1986, havia uma casa que os Wari' diziam ser o *kaxa'*, habitada por um sobrinho de Paletó e outros rapazes solteiros, dentre eles Abrão, que era um ocupante eventual, pois mantinha a sua rede na casa dos pais. Construída no estilo dos seringueiros, com paredes de paxiúba e telhado de duas águas, era uma casa animada, com vários discos de vinil pregados na parede e uma vitrola que animava as festas de forró. Quando Luiz, o primeiro ocupante, se casou com Isabel, os demais foram deixando de frequentar a casa, que acabou abandonada. Desde então nunca mais vi um *kaxa'* em qualquer aldeia wari'.

8.
A sogra onça

Da localidade Tak Wiowio, a família de Paletó foi fazer roça em Tokwa Mikop, onde ele ajudou o cunhado, marido de sua irmã mais velha, a abrir roça. "Quem mora no *kaxa'* ajuda o cunhado a roçar", disse-me Paletó. Foi nesse momento que ele conheceu To'o Xak Wa, sua futura esposa, ainda bebê, em uma aldeia vizinha, onde ela vivia com o seu pai, Jamain To'u, e sua mãe, A'ain Tain.

A'ain Tain disse-lhe que segurasse a filha, referindo-se a ela como "tua esposa". "Ela fez xixi em meu colo", lembra Paletó. Era comum que rapazes ainda no *kaxa'* fossem chamados para segurar um bebê, às vezes logo após o parto, que então se tornava sua futura esposa. Idealmente, quando viesse a puberdade, o rapaz voltaria para buscá-la, consumando o casamento. As mulheres e os homens wari' mais velhos costumam se referir a esse "noivo" ou "noiva" como "meu primeiro marido", ou "minha primeira esposa", mesmo que o casamento não houvesse ocorrido. Nesse primeiro momento, um irmão mais velho de Paletó disse a ele que fosse à floresta pegar mel "para a nossa sogra", pois era assim que os irmãos chamavam as sogras e sogros uns dos outros, assim como a esposa de um deles era chamada "nossa esposa" pelos demais. O próprio irmão confeccionou um arco e uma flecha para Paletó dar de presente "ao nosso sogro", que por sua vez dizia para a sua esposa oferecer chicha para "os maridos de nossa filha". Como não viviam longe, às vezes Paletó ia visitar os sogros, e se lembra de To'o, com os seus sete anos, oferecendo chicha para ele, chamando-o pelo termo de parentesco "irmão da mãe", pois Paletó e sua sogra eram irmãos classificatórios, ou seja, chamavam-se irmãos embora não fossem irmãos genealógicos tais como os concebemos.

A sogra de Paletó não era uma mulher comum, contou-me To'o durante um dos dias muito especiais em que convivemos os três em uma casa de dois quartos, que nos foi emprestada na aldeia Sagarana, no rio Guaporé. Eu ocupava um dos quartos, e meus pais, o outro. O telhado, sem forro, permitia que conversássemos entre os dois quartos, mas muitas vezes eu ia para o quarto deles e me deitava na cama, ao lado dos dois, para ouvir histórias à noite.

Quando To'o tinha cerca de cinco anos de idade, certa manhã, após uma discussão, sua mãe foi ao igarapé e ali foi convidada por um rapaz, filho de sua irmã, e que a chamava de mãe, para irem pescar mais adiante, onde, segundo ele, havia muito peixe. O rapaz a carregou nas costas por um pedaço do caminho. Depois de um tempo, a mãe começou a ouvir vozes conhecidas chamando por ela, que diziam: "É animal quem te chamou! Não é Wari'! Veja, aqui está a sua filha! Ela chora muito". E o verdadeiro sobrinho gritava para aquele que se passava por ele, a quem todos, com exceção da mulher raptada, sabiam ser uma onça: "Largue a minha mãe no chão!". Foi quando ela se deu conta de que o suposto sobrinho lambia folhas pelo caminho, como fazem as onças. Olhou com atenção e viu um pedacinho de rabo. Com a insistência dos chamados dos parentes, a onça-sobrinho a deixou e partiu. Segundo To'o, a mãe, por ter sido carregada, estava coberta de pelos de onça. Quando perguntei a ela se a mãe tivera medo da onça, To'o respondeu: "Não teve medo. Era wari' [gente]!".

Pouco tempo depois, foram a uma festa em outra localidade, e o pai de To'o matou um pica-pau e entregou à sua esposa para que ela o preparasse. Sem querer, a mãe de To'o passou os dedos sujos na boca, ingerindo o sangue, o que a tornou comensal das onças, que comem cru. À noite, a mãe estava em sua casa, em estilo antigo, sem paredes, dormindo sobre o estrado de paxiúba, tendo em um dos braços a filha, To'o, e no outro um sobrinho, quando uma onça pulou sobre ela e a arrastou pelo mato pelos braços, até esbarrar em um tronco e fugir, perseguida pelos Wari'. Ela sangrava muito e tinha marcas de garras de onça por todo o corpo. Cuidaram dela e defumaram-na com fumaça de milho, usada pelos Wari' para afastar os duplos dos animais. Ela se curou dos ferimentos.

Algum tempo depois, já vivendo em outra localidade, o pai de To'o matou muitos macacos-prego na floresta. Segundo ela, sua mãe agiu como se já soubesse o que o pai havia caçado e foi à floresta encontrá-lo. Vendo as presas, mordeu o pescoço de um macaco, cru ainda, e bebeu todo o sangue. Logo depois, ela cuspiu, e To'o e outras pessoas viram que o que saiu de sua boca não foi sangue, mas restos de chicha de milho. Para os Wari', o que nós vemos como sangue, a onça vê como chicha. A mãe de To'o, tendo se identificado com as onças, passou a ter dois corpos simultâneos, um humano e outro animal, e fazia um tipo muito particular de tradução. Em vez de substituir uma palavra por outra, como o fazem os nossos tradutores, transformava, em seu corpo, uma coisa em outra.

Certa vez, ela chamou as filhas para tomarem banho de rio. Ali, viram muitos peixinhos, piabinhas. A mãe disse então às moças: "Vou pegar larvas de inseto. Costurem folhas para as assarmos". Enquanto isso, a mãe pegava os peixinhos. Quando os mostrou para as filhas, não eram peixinhos, mas larvas de inseto. To'o, ao narrar-me o evento, exclamou: "O peixe tornou-se completamente larva!". Em outra ocasião, To'o foi com a mãe e a irmã mais velha para o mato. Prepararam um cesto de palha e, no rio, pegaram muitos mandi, outro tipo de peixe pequeno. A mãe os engolia crus e cuspia restos de chicha de patauá, um tipo de palmeira. As pessoas, ao verem isso, exclamavam: "Era peixe! Virou patauá completamente!". Foi nesse período que a mãe de To'o começou a curar doentes, sendo uma das raras mulheres wari' que atuaram como xamãs.

Sentado ao nosso lado durante esse relato, Paletó acrescentou que a sua sogra já havia nascido estranha, com um dente. Como é comum acontecer com os xamãs, que variam as suas parcerias e, consequentemente, os seus corpos, durante a vida, a mãe de To'o em certo momento deixou de acompanhar as onças, passou a seguir os macacos-prego e, mais tarde, as cotias. Além disso, lembrou-se Paletó, a avó de To'o, mãe de seu pai, havia sido xamã. Ou seja, havia uma certa parceria familiar com os animais. A mãe de To'o morreu muitos anos depois, devido às epidemias que se seguiram ao contato com os brancos. Paletó contou que enterraram seu corpo (como costumavam fazer com as pessoas que morriam por essas doenças de origem estranha), mas após uns dias não estava mais lá. "Talvez tenha sido retirado por um tatu gigante", disse-me.

Embora eu soubesse desses raptos por onças, que aconteceram até um passado recente, nunca tinha ouvido um relato detalhado de alguém tão próximo. O mais recente, e do qual eu apenas ouvira falar, fora o de Marcos, um jovem adulto do rio Negro, que havia sido chamado por uma onça que se fez passar por um empregado da Sucam, a então companhia de saneamento e saúde da Amazônia. Ao perceber o meu interesse sobre esses casos, To'o me levou a uma casa vizinha à nossa ali em Sagarana, onde vivia uma mulher de cerca de sessenta anos, e que havia sido ela mesma raptada por uma onça.

Eu, Paletó e To'o sentamo-nos no chão cimentado de sua casa, em um recinto que tinha ao fundo uma televisão. Ao nosso lado sentaram-se alguns dos netos da mulher, além de outras pessoas que chegaram, curiosas. Conversamos sobre amenidades até que expliquei a ela o episódio que queria ouvir e gravar.

Quando coloquei o meu pequeno microfone em sua roupa e liguei o gravador, havia bastante gente em torno de nós.

Quando o fato aconteceu, ela tinha mais ou menos cinco anos. Certo dia, os adultos mandaram as crianças até o igarapé para buscar água. Foi quando a mãe dela surgiu e a chamou para irem pegar peixe em outro lugar. Ela concordou. Não sabia que se tratava de uma onça, pois era exatamente como a sua mãe. No caminho, encontraram frutos de um tipo de palmeira muito apreciado pelos Wari', e a mãe retirou milho do cesto que carregava para que comessem com o fruto.

Logo depois entrou um espinho no pé da criança, que a mãe extraiu. Nesse momento os ouvintes riram surpresos, admirando-se do gesto tão humano da onça. Depois de andarem por um tempo, pararam para dormir. Saía leite do peito da mãe, que no momento amamentava um bebê. Quando a menina estava quase dormindo, percebeu a aproximação de um homem, que se deitou sobre a sua mãe para fazer sexo. A menina perguntou: "Quem é esse homem?". A mãe então deu uns tapinhas em seu bumbum. Novamente os ouvintes riram, e Paletó me explicou que é assim que as mães fazem à noite, quando as crianças acordam. No dia seguinte, comeram do fruto da palmeira e continuaram a andar, até que a menina ouviu a voz do seu irmão mais velho, chamando-a. Nesse momento, a suposta mãe disse que ia defecar e desapareceu na floresta. Os seus parentes então se aproximaram. A menina tinha o corpo coberto de pelos de onça e eles a limparam. Ao final da narrativa, perguntei se ela não havia visto qualquer traço de onça na suposta mãe, um pedacinho de cauda ou algo assim, e ela respondeu: "Nada. Era a minha mãe verdadeiramente".

Segundo os Wari', as onças tinham "coração", pensamento, e por isso, quando chegavam os parentes, liberavam as pessoas indo embora. Como me explicou To'o: "Onça é gente de verdade", no sentido moral. Isso não acontecia com as antas, que quando raptavam não deixavam a sua vítima retornar. Paletó e To'o testemunharam um caso raro de um rapaz que foi raptado por uma anta e retornou. De acordo com o relato de Paletó, certo dia o rapaz foi caçar com outros homens e desapareceu. Quando o procuraram, encontraram as suas pegadas seguindo pegadas de anta, e concluíram que a anta o havia levado. Seus parentes choraram muito, e, depois de alguns dias de busca, desistiram de procurá-lo. Muito tempo depois, andando na floresta, alguns homens o viram. Ele tinha aparência humana, mas joelhos e mãos de anta. O seu corpo estava coberto de grandes carrapatos de anta, e ele se coçava sem parar. Tiraram todos os carrapatos e ele melhorou. Mas, assim como a mãe de To'o, passou a agir de maneira estranha. Comia folhas. Certa vez, levou para casa um monte de frutos de um tipo que os Wari' não comem, dizendo tratar-se de frutos comestíveis. Defumaram-no com fumaça de milho e, pelo que parece, ele ficou bom. "Só os joelhos dele eram como os de anta", disse Paletó. Hoje em dia, explicou ele, esses raptos não acontecem mais, não porque os animais não sejam capazes ou não tenham desejo pelos humanos, mas porque a floresta fica agora distante, e os jovens não a frequentam mais.

Alguns anos depois Paletó me contou algo que eu jamais soubera: o seu sogro, Jamain To'u, era igualmente estranho, pois, por um período, após matar um queixada, passou a ter um duplo que acompanhava esses animais e rugia como porco. Isso era comum entre os homens, que volta e meia eram atacados pelo duplo de algum animal e passavam a segui-lo. Eram, mesmo que provisoriamente, xamãs, ou seja, tinham "olhos estranhos", ou "olhos soltos". Já em meu segundo mês entre os Wari', anotei em meu caderno de campo: "Parece que tem muito essa história de gente virar bicho/gente. Como se esse limiar fosse facilmente transponível". Mal sabia eu que todo o meu trabalho futuro seria marcado por essa percepção.

9.
As esposas

O irmão mais velho de Paletó, Manim, morreu deixando duas viúvas. Uma delas era To'o Min, a mocinha que havia salvado a vida de Paletó ao correr com ele para o mato assim que ele nasceu. Com Manim ela teve dois filhos e, com a morte do marido, era costume que um irmão mais novo herdasse uma de suas esposas e seus filhos. Paletó começou a fazer sexo com ela, que engravidou e teve uma filha, chamada Pijim. Mesmo assim não queria assumi-la como esposa. O seu argumento era que ele já tinha uma esposa jovem (referindo-se a To'o Xak Wa), e não queria outra. Diante disso, os parentes dela aproximaram-se armados com suas bordunas, obrigando-o a levá-la consigo para a sua casa, o que consumava o casamento.

Nesse momento uma cobra mordeu o seu irmão mais novo, e Paletó foi até ele para tratá-lo com fumaça de pelo de cotia e penas de vários tipos de aves. São animais que comem a cobra, e por isso são curativos. Pelo que sei, não era necessário ser xamã para isso, mas, diante das informações de um pesquisador que conviveu com Paletó no fim dos anos 1960, em Sagarana, atribuindo a ele "poderes sobrenaturais", é possível que ele, por algum momento, tivesse os seus "olhos soltos". Passou-se um mês até que seu irmão ficasse curado, e só então Paletó foi buscar a viúva e os filhos para viverem com ele em Pin Karam. Tiveram então mais uma filha, To'o Em, e um filho, Wao Em', nome herdado do irmão mais novo de Paletó, e mais tarde passado ao meu filho mais velho, Francisco.

Já com os filhos, Paletó, incentivado pelo irmão, foi até a aldeia de To'o, a esposa que recebera bebê, para buscá-la, pois ela já havia crescido. "Era linda a minha esposa", ele disse, "com cabelos avermelhados e pequenos seios." Os dois irmãos chegaram onde viviam os seus sogros, e Paletó dirigiu-se à sogra, que ele chamava irmã: "Vim pegar a nossa filha, minha irmã mais velha. Diga para ela vir". A adolescente não quis saber dele e fugiu correndo. Paletó e o irmão pernoitaram ali e, no dia seguinte, Paletó insistiu: "Vou levar a nossa filha, irmã mais velha!". "Leve-a!", respondeu ela, "ela não é mais criança." E voltando-se para a filha: "Chegou o teu marido!". To'o agarrou-se em um dos esteios da casa: "Não gosto dele, não gosto dele!". A mãe insistia: "Ele é seu verdadeiro marido, já deu banho em você quando você era pequena". Arrumou um pequeno cesto com as coisas da filha, dentre elas o urucum para que se pintasse. "Vá!", ela dizia. To'o chorava. "A mãe não tinha pena", disse Paletó. Finalmente ela se pôs a caminho com Paletó e seu irmão; no meio da trilha, entretanto, correu de volta. "Essa pequena jovem tinha muito medo de mim!" A mãe finalmente teve que arrastá-la puxando-a pelas orelhas (esse episódio também me foi contado várias vezes pela própria To'o), empurrando-a na direção de Paletó.

To'o era uma mulher magra e muito ereta, como são as mulheres wari', e usava o corte de cabelo característico delas, do tipo que chamamos Chanel: reto e curto, na altura das orelhas, com franja. Calculo que houvesse uma diferença de cerca de quinze anos entre os dois, considerando que, quando Paletó a carregou ainda bebê, ele já era adolescente. Mas é difícil dizer, pois envelheceram juntos, e ao final pareciam ter a mesma idade. Ao contar o episódio do casamento, Paletó disse: "Ela não gostava, não gostava, mas depois gostou, virou minha gente, formávamos um par, ela me seguia". Certa vez me contou sorrindo como desenhou todo o corpo de To'o com jenipapo para irem a uma festa.

Quando os conheci, eram companheiros inseparáveis, e To'o parecia fascinada com a vivacidade de Paletó, ouvindo tudo o que dizia com atenção, e rindo muito de suas constantes piadas. Em uma das vezes em que Paletó me contou que ela, quando mocinha, tinha medo dele, voltei-me para To'o e, rindo, perguntei-lhe se ainda se sentia assim: "Não tenho mais medo", brincou. Certa vez, eu, Paletó e os meus filhos nos dirigíamos de carro para a casa deles na Linha 29, vindos de uma temporada no rio Negro, e paramos na casa de sua filha, minha irmã Orowao, na Linha 26, para buscar To'o, que passara ali uma temporada. Ao ver o carro, ela correu até nós, visivelmente saudosa, perguntando "Onde está Paletó? Onde está Paletó?", e ficou aliviada ao vê-lo. Lembro desse momento de modo muito nítido, pois em seguida, antes de entrar no carro para seguir conosco, To'o entrou em casa e trouxe duas esteiras tecidas por ela para presentear o Francisco, que havia manifestado, tempos antes, vontade de dormir sobre esteiras, o que ele fez por anos desde que voltamos ao Rio.

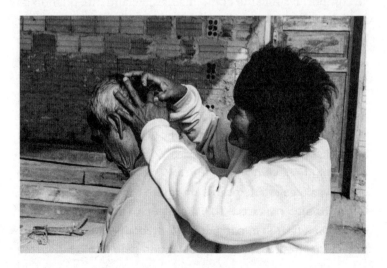

Paletó e To'o sentavam-se sempre perto um do outro, com as pernas encostadas. Volta e meia ela se concentrava em catar os seus piolhos, tirar carrapatos de suas mãos e pés e coçar as suas costas. Ela cuidou dele com carinho desde que começou a ter limitações de movimento, e atuou de modo crucial durante um evento que poderia tê-lo levado à morte. To'o me contou que quando Wan e', meu pai xamã, já muito doente, chamou Paletó para ir com ele beber chicha sob a água, ou seja, para que o acompanhasse na morte, ela interferiu peremptória: "Paletó fica!". Depois que se tornaram crentes, Paletó dizia que To'o era verdadeiramente sua costela, referindo-se ao episódio bíblico de Adão e Eva.

Não sei dizer por que To'o não se tornou plenamente minha mãe, embora eu a chamasse de mãe. Éramos próximas, conversávamos muito, mas ambas sentíamos que ainda faltava algo para nos tornarmos parentes de verdade, como eu era em relação a Paletó. Talvez uma viagem dela à minha casa no Rio de Janeiro, que nunca aconteceu, para que ela me conhecesse melhor e à minha família daqui. Muitas vezes ela se comportava mesmo como mãe, especialmente quando ao lado de Paletó. No período em que vivemos em Sagarana, só nós três em uma casa, fui certa vez repreendida duramente por ela como se fosse uma filha adolescente. Eu havia saído no fim da tarde e disse a eles que iria ali perto, na casa de amigos. Quando cheguei ao meu destino, a televisão estava ligada na varanda, com várias pessoas assistindo ao noticiário, e me sentei ao lado delas, esquecendo-me do tempo, entretida com a novela que se seguiu, "América", que fazia sucesso ali, especialmente devido a uma música, cujo refrão, "alô galera de cowboy, alô galera de peão", era muito repetido pelos jovens. Quando voltei para casa, To'o me esperava na porta, ansiosa, e começou a falar sem parar sobre a preocupação dela e de Paletó com a minha ausência, sobretudo pelo fato de diversos trabalhadores não indígenas estarem em Sagarana naqueles dias, construindo alguns lavatórios. Segundo ela, eles poderiam ter me derrubado em uma trilha para fazer sexo, já que eu estava andando sozinha no escuro. Senti um misto de ternura pela preocupação comigo e de raiva por me ver repreendida, experimentando novas sensações de ser filha naquele mundo.

Linda adolescente, ao chegar To'o causou ciúmes na primeira esposa de Paletó, que a tratou com rispidez, mesmo que a chamasse de irmã, que é como se chama uma prima de primeiro grau. "Ela não queria que eu tivesse trazido outra esposa, queria ser única", disse-me Paletó. "Por que a trouxe? Você já faz muito sexo!", dizia-lhe a esposa. No dia seguinte à chegada, a primeira esposa chamou a mais nova para irem se banhar no rio, e, ciumenta, disse a Paletó que não as seguisse, como era comum um marido fazer com suas esposas. "Eu não tive raiva. Só rapazes solteiros têm raiva", ele disse.

To'o ficava em um constante ir e vir entre a casa dos pais, em uma aldeia próxima, e a do marido, até que, com o tempo, passou a ter "coragem" em relação a Paletó e começou a oferecer comida para ele. Passou a dormir ao seu lado em casa, ficando Paletó no meio das duas esposas. Só com o passar dos dias, contou Paletó, é que fez sexo com ela pela primeira vez, na floresta, o lugar mais frequente para o sexo com as esposas mais jovens, enquanto as mais velhas, com filhos, são procuradas à noite pelos seus esposos.

Paletó não me disse se insistiu para que To'o fizesse sexo com ele, e, pelo modo como conta, parece que ela foi naturalmente se aproximando dele. Provavelmente deve ter sido da parte dele a iniciativa da primeira relação, embora muitas vezes, entre os Wari', era das mulheres, especialmente se amantes, a iniciativa. Nesses casos, a mulher puxava o pedaço cilíndrico de madeira que servia de brinco ao rapaz, lambia-o e o jogava no chão, ou então fazia cosquinhas em suas costas.

O rapaz então dizia que ia ao mato cortar lenha e, depois de um tempo, ela dizia que ia ao mato defecar. Lá faziam sexo, ele sobre ela e, disse-me Paletó, as mulheres costumavam reclamar um pouco dos espinhos no chão. As esposas, por sua vez, desconfiavam que os maridos tinham amantes quando o ato sexual demorava mais do que o costume, contou-me uma amiga, ao me explicar que, na verdade, gostavam quando o marido ejaculava rapidamente.

Imagino que perceber a crescente intimidade entre To'o e Paletó fez a primeira esposa rejeitar mais ainda a mocinha, que então resolveu voltar mais uma vez para a casa dos pais. Parece que esse tipo de conflito era comum entre esposas, mesmo que, geralmente, fossem parentes entre si. Com o tempo, entretanto, viravam companheiras próximas, ajudando umas às outras nas tarefas domésticas e nos cuidados com as crianças. Vejo agora, lendo meus cadernos, que essa situação me impressionou à época, pois anotei um sonho ainda em meu segundo mês no campo: "Sonhei que estava casada com um cara que tinha três mulheres e tinha que se revezar para cada dia dormir com uma. Tinha uma muito chata, que nunca queria deixar ele estar perto. Fui a primeira a desistir. No fim, a chata também se foi, e só sobrou uma, que era Topa' Jam", justamente uma de minhas amigas do rio Negro, no pátio de quem cantávamos e gravávamos as músicas femininas.

O imbróglio matrimonial de Paletó teve uma solução diferente daquela com que sonhei. Depois de um tempo, a primeira esposa pediu que ele chamasse a jovem esposa de volta, e Paletó partiu, mais uma vez acompanhado de seu irmão, para buscar To'o, que dessa vez não quis ir de jeito nenhum. Saiu correndo para a floresta com a irmã mais nova, alegando que a esposa era muito raivosa com ela. "Parecia que ela sabia que o branco iria matá-la", disse Paletó. Ao permanecer, To'o escapou do massacre que estava por vir.

10.
Escapando da morte pela segunda vez: o massacre

Ouvi esse relato diversas vezes, e em todas elas me comovi profundamente. Paletó o contava vividamente, com uma expressão mais raivosa do que triste. Aquilo que narro aqui me foi contato no Rio de Janeiro, no dia 17 de dezembro de 2012. Eu, Paletó e Abrão havíamos passado o fim de semana em Itacoatiara, Niterói. Fomos também à praia ao lado, Camboinhas, visitar os Guarani Mbyá que viviam ali, acompanhados de minha aluna Amanda, que fazia sua pesquisa entre eles. Para chegar lá atravessamos um rio a pé, e voltamos com a água pela cintura, para divertimento mas também apreensão de Paletó. Na manhã do relato, já no Rio de Janeiro, Paletó havia conversado longamente no *Skype* com a missionária Barbara Kern, que viveu muitos anos entre eles, e naquele momento vivia na Alemanha. Logo depois disso, liguei o gravador e pedi que ele contasse novamente a sua vida. O episódio do massacre foi narrado em continuidade àqueles do nascimento e dos casamentos, que narrei anteriormente. Ocorreu em Xi Kam Araji, localidade próxima ao igarapé da Gruta, a cerca de oito horas de caminhada do posto Rio Negro-Ocaia, por volta de 1955.

Alguns dias antes do massacre, Paletó e um grupo de homens haviam ido caçar macacos-aranha nas margens do rio Pacaás Novos e viram alguns brancos. Como haviam assoviado para alertar uns aos outros sobre a localização dos macacos, Paletó infere que os brancos os haviam escutado. Chegaram em casa e avisaram aos outros. Paletó, sua esposa To'o Min e os filhos viviam em uma aldeia vizinha e estavam ali visitando o pai de Paletó e ajudando-o no papel de anfitrião de uma festa. Depois de uma noite inteira de comemoração, em que os convidados beberam muito, vomitaram e desmaiaram, os anfitriões foram banhá-los com água morna pela manhã, para despertá-los, e eles partiram.

Como é comum depois das festas, os moradores do local, de manhã bem cedo, após a partida dos convidados, foram tomar banho no rio. Paletó, a esposa, a filha To'o Em, que devia ter uns cinco anos, e Wao Em', o filho pequeno, de cerca de um ano, seguiam pela trilha que ia do lugar onde estava a chicha da festa até o rio. A filha pediu ao pai que a carregasse no colo, mas Paletó havia machucado o pé ao topar em um galho quando estava caçando os macacos-aranha. O pai pediu à esposa que a carregasse e tomou o pequeno Wao Em' em seu colo. Ele ainda não andava, e Paletó lembra que, no colo, ele chupava o seu cabelo.

Ao retornarem do banho, subindo pela trilha em direção às casas, ouviram sons de tiros. "Tátátátátá", imita Paletó, o que me faz lembrar o som de metralhadoras. Viram que o filho mais velho da esposa de Paletó, do casamento com o seu irmão, havia caído morto. O pai de Paletó corria por uma trilha perto de casa quando, raivoso, decidiu parar, encarar os atiradores e gritar: "Vocês mataram meu neto, seus inimigos desgraçados! Era meu neto, inimigo desgraçado!". Calou-se ao levar um tiro no peito e tombar no chão. A mãe de Paletó conseguiu fugir e andar até uma localidade próxima, mas, baleada nas costas, morreu logo depois.

Paletó e a esposa, carregando os filhos, tentaram correr, mas os brancos acertaram a menina To'o Em, que ficou caída no chão. Ela gritava: "Pai, pai, o inimigo me acertou!". "Como era linda a minha filha que o branco matou!", exclamou Paletó nesse ponto da narrativa. Paletó, com o filho pequeno no colo, continuou a correr, acabou batendo com a cabeça em um galho e, desnorteado, pensou ter sido atingido por um tiro. O filho gritava, pensando que o pai estava morto. A esposa, ao ver a filha caída, parou de correr e resolveu voltar, rastejando-se pelo chão para tentar evitar as balas, com um braço dobrado sobre o rosto na tentativa de se proteger. Um dos atiradores, ao perceber que a mãe retornava, parou de atirar até que ela se agarrasse à filha, para então acertá-la. Atirou na sua vagina, mas ela não morreu naquele momento. Ficou apenas deitada.

Paletó chegou à beira do rio e o atravessou, carregando Wao Em'. Do outro lado, encontrou os convidados da festa e contou o acontecido: "Mataram os nossos filhos e a mãe deles!". Dois dos filhos de sua esposa, e Pijim, sua filha, haviam escapado. Os homens prepararam-se para voltar e flechar os brancos. Um por um levantou-se segurando o seu arco: Orowao Totoro, Wem Kanum, Wan Hon Tamatara, nomeou Paletó, fazendo equivaler a cada um deles um dos dedos de sua mão. Apressados seguiram na frente, e quando chegaram lá não encontraram mais os brancos. Paletó, chegando depois, ficou com raiva, pois disse que deveriam tê-lo esperado, já que cabia a ele flechar.

Enquanto eles se dirigiam para lá, a esposa de Paletó, ferida, conseguiu andar até uma aldeia próxima e caiu deitada em um estrado de paxiúba de uma das casas. Assim que os homens chegaram, ela perguntou a Paletó pelo corpo da filha: "Por que o deixou lá?", disse com raiva. Paletó respondeu que tinha sido obrigado a correr com o filho. Os habitantes da casa puseram-se em fuga, carregando a esposa ferida nas costas. No caminho, ela morreu e eles pararam. Muitas pessoas chegaram para chorá-la, assá-la e comê-la, dentre elas os parentes OroAt de Paletó por parte de pai, sendo dois deles os irmãos Wao Tokori e Jamain Tamanain, que conheci no rio Negro, este último ainda vivo.

Além do pai de Paletó, do filho de seu irmão e de sua filha, morreram também a esposa de Hwerein Pe e', seu sobrinho, com quem havia partilhado a casa dos homens solteiros no passado, e duas filhas dele, ainda crianças. Hwerein Pe e' escapou, mas mais de uma vez me mostrou as marcas do chumbo em suas costas. Outros habitantes do rio Negro com marcas de chumbo visíveis eram Mo'am, irmã de Hwerein Pe e', e dois irmãos mais novos de Paletó por parte de pai, Xiemain e Patan.

Xiemain era então uma criança com cerca de cinco anos e, atingido, correu sozinho pela floresta e ficou escondido por alguns dias, sobrevivendo do que conseguia coletar para comer, até que foi encontrado por um homem. Paletó observou que Xiemain tinha um corpo "estranho", pois foi novamente atingido em outro ataque dos brancos, e sobreviveu. Nessa ocasião, dois outros homens morreram.

Segundo Paletó, os brancos voltaram a Xi Kam Araji e ficaram ali por perto, vigiando, por alguns dias. Quando eles finalmente conseguiram chegar até os corpos, estavam muito podres e parcialmente comidos por urubus. Os brancos haviam enfiado duas flechas pela boca do pai de Paletó. Mesmo assim levaram o que restara dos corpos, e Paletó pôde ver o pé de sua filha To'o Em, a única parte íntegra de seu corpo. Os pedaços podres foram colocados em cestos e levados para uma aldeia na outra margem do rio, onde foram assados, sendo que um dos moquéns era coberto exclusivamente por corpos de crianças. Em fuga, seguiram para ainda mais longe, onde finalmente puderam parar para comer os mortos.

Em julho de 2007, acompanhada da antropóloga Beth Conklin e do arqueólogo Dusan Boric, fomos a Xi Kam Araji, a localidade do massacre, com alguns homens e mulheres wari', que voltavam ali pela primeira vez depois de cinquenta anos passados desde o evento. Paletó não pôde nos acompanhar, pois a caminhada de dois dias seria difícil para ele. Não foi mesmo uma caminhada fácil. Depois de uma hora de trator e mais algumas de caminhada, demoramos cerca de três horas atravessando a pé o igarapé da Gruta. Enquanto os Wari', descalços, andavam com facilidade com a água na altura dos joelhos, nós, os estrangeiros, víamos nossas botas encherem-se de água e lama, e fomos obrigados a tirá-las e a pisar descalços no fundo do rio, como eles faziam. Dusan fez uma foto minha e de Beth com a água nas coxas, cada uma segurando uma vara comprida com as nossas botas amarradas no alto, como bandeiras. Tive um medo horrível de machucar meu pé naquele lugar ermo e de não poder mais andar, pois não sabíamos onde pisávamos. O que poderia haver ali debaixo? Andando, encontramos, sobre uma pedra, um filhote morto de jacaré, e imediatamente me pus a imaginar que a mãe dele estaria à nossa espreita. Nada aconteceu, mas, para o retorno, por sugestão de nosso arqueólogo, que de fato tinha sempre boas ideias para situações desse tipo, trocamos as botas por sandálias de dedo, cobertas por meias e envolvidas por fitas adesivas tipo *silver tape*. No começo andamos bem, mas logo depois as fitas começaram a se soltar, a meia ficou empapuçada de água, e tivemos que tirar as sandálias e continuar descalços, como na ida. No outro dia, no culto de domingo na igreja, o pastor Awo Kamip, sobrinho de Paletó e nosso companheiro de caminhada, ao relatar a viagem aos presentes, observou que nós, os brancos, tínhamos a pele dos pés muito fina.

A'ain Kaxun, irmão de Paletó por parte de pai, presente no massacre, foi um de nossos guias e, ao chegar ao local, disse-me que seus olhos estavam se enchendo de água. Mostrou os lugares de cada uma das casas e o local em que seu pai fora atingido. Os pilares de algumas casas ainda estavam de pé, e podiam ser vistos no meio do mato que crescia. Vimos marcas de balas em árvores e pedaços de panelas estilhaçadas por balas. Fui saber então que meu outro pai, Wan e', e minha mãe,

Orowao Xik Waje, também viviam ali naquela ocasião, e conseguiram fugir com os três filhos pequenos. O filme que fizemos no lugar, com algumas pessoas relatando o massacre, foi exibido no mesmo dia do nosso retorno, em uma televisão voltada para o exterior de uma das casas.

Quando estávamos em Xi Kam Araji, o pastor Awo Kamip lembrou-se de que, quando ele tinha cerca de sete anos, em outro desses ataques armados, o seu pai foi morto e teve uma das orelhas decepadas por um branco. Ouvi muitos outros relatos de massacres durante o meu convívio com eles. Um deles me foi contado por um homem do subgrupo OroMon, durante uma expedição que fiz, acompanhada de Paletó e To'o, ao território daquele subgrupo em 2003. Ele tinha entre sete e oito anos, de modo que o fato deve ter ocorrido por volta de 1960. Lembra-se de que os brancos jogavam as crianças wari' mortas para o alto, para que caíssem sobre os terçados e fossem cortadas ao meio. Segundo o bispo emérito dom Roberto, que me relatou exatamente o mesmo quando conversávamos sobre os massacres, essas cenas de horror eram correntes.

A paz que se supõe dar hoje a tônica da relação dos Wari' com os brancos é muito tênue, pois a tensão aflora em várias ocasiões desse convívio. No comércio da cidade, os Wari' são estigmatizados por sua aparência e sua dificuldade com a língua portuguesa. Em algumas ocasiões recentes, seringueiros entraram à noite em aldeias wari' situadas nas margens de sua reserva e os ameaçaram com armas, causando tanto pânico que uma das aldeias, Ocaia II, foi abandonada. Em julho de 2005, quando o piloto Chagas, eu, Paletó e To'o estávamos no porto de Guajará-Mirim, já embarcados para irmos a Sagarana, fomos abordados por soldados armados, que faziam parte de uma operação chamada Timbó, para a fiscalização de fronteiras. Paletó e To'o permaneceram imóveis, agachados e em silêncio durante a permanência dos soldados, e de nossa conversa com eles. Estavam apavorados. Quando, ao final, conseguimos os coletes salva-vidas faltantes e partimos, Paletó falou que Deus havia nos ajudado, exatamente como havia feito com Moisés, também preso por soldados e auxiliado por Deus.

Diante das agressões, os Wari', enquanto não eram cristãos, não abriam mão da vingança, mesmo quando, depois do contato, com a presença maciça dos brancos nas proximidades, a guerra se tornou inviável. Os xamãs contavam-me que os brancos da cidade achavam que morriam de doenças comuns, mas de fato eram atacados por eles. Os que achavam que alguém tinha morrido por ataque de onça, não sabiam que a onça era o duplo de um xamã, que havia matado o branco de propósito, como em uma guerra. Orowam, o xamã-onça do rio Negro, contou-me vários episódios de ataques de seu corpo animal aos brancos. Além dos xamãs, naquele tempo os rapazes wari' sonhavam em fazer serviço militar, o que era difícil, pois lhes faltava o nível de escolaridade necessário. Os que haviam conseguido acabavam por desistir, inconformados com o excesso de trabalho e disciplina. Mas, quando eu lhes perguntava por que, afinal, insistiam nisso, respondiam sem titubear: "Para matar branco!".

II.
A noiva enfeitiçada
e o veneno nas casas

No período do massacre, To'o, a jovem esposa de Paletó, ou a noiva em fuga, havia adoecido e estava muito magra. "Quase morreu", ele diz, explicando que a doença fora causada por feitiçaria. Um feiticeiro, provavelmente um homem, tinha preparado na floresta distante um jirau, enfeitado-o com urucum e plumas brancas, para que ficasse bonito e atraente. Sobre ele colocara alguma coisa muito apreciada por To'o, talvez mel ou carne de determinada caça. Se fosse hoje, poderia ter colocado um mosquiteiro, roupas, ou mesmo dinheiro. O feiticeiro fez então um buraco na terra ou nas proximidades da água e, à noite, soprou pelo buraco, sussurrando: "To'o, To'o Xak Wa!".

Saber o nome é a condição para a feitiçaria, uma das razões para a troca constante de nomes durante a vida. Dormindo, To'o passou a sonhar com o presente que lhe estava sendo oferecido e respondeu ao chamado dizendo *ha!* (o nosso oi!). Um duplo seu, com a aparência de um bebê, bem branquinho e escorregadio, foi ao encontro do feiticeiro, sendo imediatamente amarrado por ele com cipós em um pequeno estrado de madeira, em posição fetal. O feiticeiro começou a torturar a pequena e branca To'o, enfiando-lhe pequenos paus ou pontas de flechas. Enquanto isso, ela, em casa, com o corpo rígido, adotou a mesma posição fetal do duplo. Como as mortes súbitas são muitas vezes atribuídas à feitiçaria, os feiticeiros evitavam o coração como alvo inicial, para confundir os outros sobre a causa da morte e evitar suspeitas. Com isso, no caso de To'o, houve tempo para a intervenção de xamãs, que retiraram os duplos dos paus e das flechas de seu corpo em casa, enquanto os seus corpos animais, andando na floresta, encontraram o jirau e desamarraram o duplo de To'o. Ela não soube dizer quem era o feiticeiro, pois, como ele agiu à noite, não foi possível, em seu sonho, ver o seu rosto.

Vi somente uma vez uma mulher enfeitiçada, no fim de 1986. Ela havia sido levada para a Casa do Índio de Guajará-Mirim, onde a encontrei. Fiquei impressionada com a rigidez do seu corpo, em posição fetal. As pessoas faziam força para distender os seus membros, mas não conseguiam. Vários xamãs atuaram na cura, retirando dela pequenos paus e pontas de flechas, que mostravam aos outros. Diziam também que havia todo tipo de bicho em seu corpo. Outra mulher, relatando-me certa vez a agonia de seu pai, morto por feitiçaria, disse que de seu corpo escorria mel, o que evidenciava que o mel havia sido utilizado para atrair o duplo da vítima. A mulher em Guajará-Mirim foi finalmente curada e, assim como To'o, não conseguiu ver o rosto do feiticeiro.

Embora não o tenha visto doente, Jao foi uma das pessoas que conheci no rio Negro que foi morta por feitiçaria. Paletó contou que depois de uma briga de borduna iniciada na aldeia vizinha de Santo André por uma suspeita de traição conjugal, homens do rio Negro foram a Santo André apoiar os seus parentes dali e bateram em alguns homens. Um parente da mulher de Jao foi atingido com uma bordunada na cabeça, o que o levou a preparar um jirau e chamar o duplo de Jao, oferecendo-lhe uma bonita mulher. Jao acordou dizendo que havia sonhado com espírito, foi até a água e já voltou com febre. Morreu rapidamente. Um espinho havia sido enfiado em sua garganta, que estava inchada. Orowam, xamã-onça, contou-me na época que, andando na floresta com seu corpo animal, encontrou o jirau que havia sido feito para matar Jao, mas já era tarde. Em outra ocasião, entretanto, ele conseguiu salvar Awo Kamip, que havia sonhado com um tatu que lhe estava sendo oferecido pelo feiticeiro. Quando Orowam-onça apareceu, ele fugiu. Outra vítima foi o pai de A'ain. Segundo Paletó, ele tinha flechas em cada um dos olhos, pau de babaçu saindo de sua coxa e de pupunha do seu peito. Não eram imagens dos paus, que somente um xamã veria, mas os paus mesmo, visíveis a todos.

To'o, a noiva em fuga, tendo sobrevivido à feitiçaria, aceitou finalmente o casamento, vindo a criar os filhos órfãos de Paletó e a amamentar o pequeno Wao Em'. Estava com os seios cheios de leite por ter sofrido um aborto de um filho de Paletó, quando estava fugida na casa de seus pais e doente. Pijim, a filha mais velha de Paletó, fora com a sua irmã mais velha viver entre os seus parentes paternos, OroAt, e acabou por morrer lá, doente. Restaram Wem Parawan, já rapaz, também filho do irmão, e o que mamava. Segundo Paletó, To'o adotou os dois como filhos e ficou muito abalada quando lhe avisaram que Wem Parawan tinha morrido vítima de feitiçaria na localidade de Ton Kat.

O motivo da feitiçaria foi o adultério. Um homem do subgrupo OroEo acusou o rapaz de ter feito sexo com a sua esposa, e é provável que tenha sido ele o feiticeiro. Foram chamar Paletó e To'o dizendo: "Mataram o teu filho!". Quando chegaram lá, o morto já estava inchado e viu-se que ele havia sido espetado com muitos paus. Saíam marimbondos de sua boca, e seu corpo estava coberto de mordidas, sinal de que o feiticeiro havia usado um ninho de marimbondos como veículo para chamar o nome do morto e atrair o seu duplo.

To'o, com os seios cheios de leite, chorou muito, disse-me Paletó. Como vingança, um parente de Paletó arranjou uma visita à aldeia de parentes do suposto feiticeiro, com o intuito de esconder na parede de uma das casas um cipó venenoso, chamado *paparato*. Os habitantes dali logo começaram a passar mal e inferiram que haviam sido envenenados pelos OroNao', pessoal da família de Paletó, e saíram à procura do cipó. Encontrando-o, jogaram-no na água, e somente duas pessoas morreram. O veneno voltou-se então na direção dos OroNao', matando algumas pessoas, dentre elas um dos filhos do meu pai-queixada Wan e'. Alguns anos depois, Wao Em', o filho mais novo de Paletó, que To'o amamentara, adoeceu e morreu.

Logo depois, To'o engravidou de Orowao Karaxu, sua primeira filha, que nasceu na localidade de nome Kaxima, provavelmente entre 1958 e 1959.

12.
Encontrando os brancos

Corria o mês de maio do ano de 1961. A situação nos arredores de Guajará-Mirim estava muito tensa por quase uma década, desde que os seringueiros resolveram avançar ainda mais em direção às terras dos Wari', promovendo massacres como aquele da família de Paletó. Sempre que podiam, os Wari' revidavam, matando brancos. Chegou um momento, entretanto, em que a violência dos brancos era tanta que os Wari' começaram a fugir em direção a lugares cada vez mais inacessíveis, como as terras dos subgrupos OroEo e OroAt, partindo para o alto curso dos rios Negro e Igarapé Ocaia, território em que Paletó estava vivendo naquele momento, tendo ido de Ton Kat para Hwijimain Xitot. Não muito longe dali, Koxain foi o lugar escolhido pela chamada equipe de pacificação para contatar os Wari'.

Essa equipe era composta por um padre católico, padre Roberto Arruda, que conheci em Guajará já como bispo emérito; um funcionário do Serviço de Proteção ao Índio, Fernando Cruz; Gilberto Gama, também do SPI, que chegou depois; Rui Figueiredo, dos *Diários Associados*; um índio kanoê, Saul; e alguns outros não indígenas arregimentados em Guajará. Acompanharam-nos também diversos homens wari', dos grupos que foram contatados antes pelos missionários norte-americanos evangélicos da New Tribes Mission, missão religiosa que havia chegado à região, ainda no fim dos anos 1940, com esse propósito. Depois de muitas tentativas, esses missionários conseguiram estabelecer contato pacífico com a população wari' que havia ficado

114

por cinquenta anos isolada dos demais, vivendo nos afluentes da margem esquerda do rio Pacaás Novos, e majoritariamente constituída por pessoas do subgrupo OroNao', o mesmo de Paletó.

O isolamento entre eles, segundo os próprios Wari', deveu-se a uma chuva muito forte e ao súbito alargamento do rio, que possibilitou o aumento do tráfego de barcos dos brancos, impedindo assim a realização da travessia entre as margens, antes realizada com facilidade, a pé, na estação seca. Os primeiros contatos aconteceram em 1956, exclusivamente com essa população, e somente cinco anos depois, em abril de 1961, esses mesmos missionários conseguiram se aproximar de outro segmento populacional, formado pelos subgrupos OroMon, OroWaram e OroWaramXijein, que viviam na margem direita do rio da Laje, não muito longe da ferrovia Madeira-Mamoré. Essas pessoas, contatadas tanto cinco anos quanto um mês antes, foram arregimentadas para a expedição ao rio Negro. Os missionários evangélicos, dada a rivalidade com os padres, foram excluídos dessa expedição, e se indignaram por não terem nem mesmo sido informados sobre a sua organização.

A equipe chegou à aldeia Koxain, que estava vazia, e pendurou, nos esteios das casas, machados e facas de metal. Jimon Pan Tokwe vivia na localidade vizinha, Terem Matam, e ainda tinha milho plantado em Koxain. Certo dia, quando foi colher milho, viu as ferramentas penduradas, pegou-as e levou para os seus parentes em Terem Matam, que se admiraram da estupidez dos brancos, deixando as ferramentas tão à mostra. "O branco está sem pensamento, está bobo!", comentaram. Voltaram no dia seguinte e havia mais. A notícia chegou rio acima, onde vivia Paletó, e eles começaram a conjecturar se deviam ir até lá flechar esses brancos abobados. Decidiram então descer o rio, em direção às suas terras, situadas no território dos OroNao', que eles haviam abandonado com medo dos ataques dos brancos.

Paletó conta que seguiam com ele o seu sogro, outros homens e suas esposas. No caminho, viram um buraco de tatu e esperaram a noite para matá-lo. Assaram-no e comeram. "Vamos flechar o branco junto com os outros, para que não entrem em nossas casas! Vamos!" Quando chegaram a Terem Matam, souberam que outros homens, dentre eles o irmão mais novo de Paletó, e seu sobrinho A'ain — aquele que certo dia apareceu de manhã cedo em minha casa para me levar para a primeira estadia fora da aldeia, em Ta' Nakot — já haviam ido para Koxain para flechar os brancos. "Deveriam ter nos esperado!", reclamaram.

Nesse momento, os guerreiros estavam espiando o acampamento daqueles que eles pensavam ser somente um bando de brancos abobados, prontos para ser flechados, na outra margem do igarapé Ocaia. Pelos sons, pareciam estar construindo um abrigo, mas foram surpreendidos pelo som do pio de nhambu-galinha, que os Wari' costumam fazer para chamar uns aos outros. E admiraram-se: "Os brancos sabem assoviar como nhambu-galinha!". E então ouviram esses brancos falar entre si na língua wari', o que os surpreendeu ainda mais. "Os brancos sabem falar!" Na verdade, eram os Wari' da expedição conversando entre si, mas eles não pareciam wari': usavam roupas e tinham os cabelos cortados. Os guerreiros se afastaram. Paletó acrescentou: "Tínhamos muito medo dos brancos, minha filha! Achávamos que eles iam nos matar a todos!".

Os guerreiros dormiram e na manhã do dia seguinte viram que uma canoa se aproximava pelo igarapé Ocaia, onde estavam os brancos acampados. O irmão de Paletó chamou o seu sobrinho A'ain: "Vamos, vamos flechar os brancos!". Na proa da canoa que passava, ia um homem vestido, e, atrás dele, um homem sem camisa, que eles escolheram flechar. Os dois distenderam seus arcos ao mesmo tempo, mas na hora em que soltaram a corda seus braços se esbarraram e eles, no lugar do peito que miravam, atingiram o braço do homem, que caiu na água gritando. O que estava na proa da canoa pulou na água também, gritando na língua wari': "Vocês flecharam o branco! Somos nós, OroNao'". Nisso, os guerreiros já haviam fugido, correndo para longe.

Um dos guerreiros, Jimon Pan Tokwe, seguiu em outra direção, para Koxain, o lugar onde se penduravam as ferramentas, e onde ele tinha o seu milho. Estava no caminho quando um homem o encontrou. "Pai", ele disse, "você flechou um de nós [referindo-se ao branco ferido na canoa]!" Jimon o reconheceu, pois ele havia estado ali pouco tempo antes, como convidado de uma festa. Era seu parente, do subgrupo OroMon, que havia sido contatado um mês antes e se juntado à equipe dos brancos. "Pai, eles chegaram aos OroMon e nós saímos em direção aos brancos! Vocês flecharam o Joaquim, um branco. O que estava na frente remando era Xijan!" Chegaram então os outros Wari', aqueles que estavam isolados havia cinquenta anos na outra margem do rio Pacaás Novos. "Somos nós", disseram, mas ninguém os reconhecia, pois jamais os haviam visto. Jimon perguntou por uma tia que, sabia, havia atravessado para a outra margem. "Ela morreu", disseram, "mas todos os seus sobrinhos estão vivos." Deram para Jimon machados e facas e seguiram juntos para Terem Matam, onde vivia o pessoal dele.

Abro um parêntese para tentar imaginar Jimon, que conheci já idoso no rio Negro, jovem e ativo. Era um homem alto e magro, que usava os cabelos bem curtos. Havia tido três esposas, mas quando o conheci era viúvo e vivia em uma casa bem pequena, ao lado da casa de sua filha casada. Um de seus netos, anão (só há notícia de mais um outro caso entre os Wari', de uma moça), vivia com ele, para lhe fazer companhia. Como os homens não lidam com fogo de cozinha, tarefa feminina, vi Jimon várias vezes trazer muitos peixes e deixá-los ao lado de um forno a lenha, sem que ninguém se aproximasse para assá-los. Talvez com fome, ele ficava andando por ali, sem pedir nada, até que uma das netas resolvia cuidar do fogo. No tempo dessa expedição de contato, suas esposas eram vivas, e não faltava fogo de cozinha.

Xiemain, irmão mais novo de Paletó, aquele que havia escapado das balas no massacre, ainda era menino e, ao ver os Wari' recém-chegados, estava certo de que eram não indígenas, e os chamou de inimigos. Um desses homens explicou para a criança: "Somos Wari'. Cortamos os nossos cabelos, só isso!". E cada um deles foi dizendo o seu nome, mostrando que eram nomes wari'. O pessoal da casa não se convenceu. Distenderam seus arcos: "Vamos flechar os inimigos!". O grupo de Paletó chegava pelo caminho pronto para flechar. Eles os viram e gritaram: "Não nos flechem, não somos inimigos, somos Wari', somos OroNao'. O branco nos pegou e nós saímos na direção dele. Os OroMon também. Só faltam vocês daqui, e os OroEo e OroAt".

Eles então se sentaram e conversaram sobre os parentes comuns. As mulheres da casa apareceram e eles pediram que assassem peixes. Elas ofereceram também castanhas. Eles comeram, pois estavam com muita fome, e disseram que tiveram medo das flechas dos Wari'. Um homem OroMon contou que esses novos brancos chegaram assim que eles assaram e comeram a irmã mais velha dele, que havia sido morta por um branco da região. Com esses outros brancos, recém-chegados de longe, as coisas eram diferentes, disseram, pois eles os tratavam como se fossem gente deles, ou seja, faziam dos Wari' seus parentes, como se fossem filhos.

O sogro de Paletó, Jamain To'u, continuou a testar os recém-chegados para se certificar de que eram mesmo Wari'. Falar a mesma língua não era suficiente. Afinal, com os cabelos cortados e usando roupas, e acompanhados de brancos, pareciam mesmo inimigos. Perguntou se sabiam cantar *tamara*, um tipo de música wari', ao que eles, orgulhosos, responderam: "Não temos a garganta ruim não!". Paletó então canta para mim a música que eles cantaram ali, vívida em sua memória. Depois que os moradores da casa cantaram também, foram todos dormir.

No dia seguinte, aqueles que haviam chegado os convidaram para ir até onde estavam os brancos. "Vamos lá ver os brancos de verdade! Tenham coragem! Eles nos chamam de gente deles." Foram até onde estavam os brancos e encontraram o índio kanoê chamado Saul. Ele carregava uma espingarda 22 que, segundo Paletó, iria usar para matar os Wari', se fosse o caso. Os OroNao' da outra margem, que já conheciam os brancos havia tempos, explicaram para eles que aquela espingarda não iria matá-los, que não precisavam ter medo. Saul atirou em um macaco-prego e os Wari' correram assustados. Afinal, disse Paletó, eles conheciam bem aquele barulho de tiros. Mataram aves, macacos, e comeram.

Quando chegaram a Koxain, espantaram-se. Estava tudo limpo, capinado, sem mato nenhum. E então viram os brancos: Fernando Cruz, padre Roberto e Rui usavam óculos. Os brancos todos tinham óculos. "Nós tivemos medo", disse Paletó, "e nos encolhemos." Fernando Cruz gargalhava. "Venham, venham", ele dizia, segundo os OroNao' da outra margem, que traduziam, porque já conheciam um pouquinho da língua dos brancos. Pareciam contentes, davam tapinhas nos braços dos Wari' e ofereciam-lhes machados. Depois de uns dias, apareceram as esposas daqueles OroNao', que vieram com os brancos e até então estavam no acampamento chamado de Barracão Velho, rio abaixo. Ajudavam os recém-contatados cozinhando para eles. Algumas delas, que conheci no rio Negro, vieram mais tarde a se casar com os Wari' dali. "Não tenham medo de mim", disse uma delas, Kimoi, provocativa, "eu não tenho marido." E apontou para um dos rapazes dali, rindo: "Você vai ser o meu marido!". "Eu já tenho esposa", disse o rapaz. "Se ela morrer, eu me caso com você", retrucou Kimoi.

13.
Sexy

Imagino essa cena, com as mulheres atiçando os homens, como costumavam fazer ao tirar os brinquinhos dos rapazes, lambê-los e jogá-los no chão, em um convite ao sexo. Paletó costumava me contar que mesmo as mulheres hermafroditas, que volta e meia nasciam entre eles, e tinham um pequeno pênis, faziam brincadeiras provocativas para deixar os homens sem graça. No caso delas, quando os convidados chegavam para uma festa, muitos deles jovens rapazes, chamavam-nos para sentarem em seu colo. Nuas, ficavam roçando o seu pênis na bunda deles que, impedidos pelas regras de boas maneiras de se levantar, permaneciam com grande constrangimento. As mulheres riam muito. Quando, depois do contato, os brancos descobriram que havia mulheres assim, transformaram-nas de sensuais em deficientes e chegaram a enviar alguns bebês para Guajará para ser operados. Evidentemente, morriam, e as mães começaram a esconder essas crianças dos brancos, vestindo-as todo o tempo. Até hoje, vestem-se até mesmo durante o banho, e procuram disfarçar os seus traços andróginos com camisas largas e um silêncio constante. Antes, elas casavam e adotavam os filhos de suas irmãs como seus, levando uma vida perfeitamente normal. Hoje permanecem solteiras, vestidas e dessexualizadas.

Ainda sobre a sexualidade, na viagem que fiz à cidade de Ji--Paraná, em Rondônia, com Abrão e Paletó, e que vou relatar a seguir, Abrão, ao final, escreveu para mim um texto de três páginas sobre a viagem na língua wari', que reencontrei ao revisitar os meus cadernos:

> Eu e meu pai partimos para Ji-Paraná. Meu pai estava contente em conhecer outros brancos. De manhã bem cedo, bebíamos café, às dez horas, bebíamos suco, às doze horas, comíamos arroz, feijão, galinha e folhas. De tarde, comíamos de novo. À noite, víamos TV.

O mais interessante está na última página do texto, em que Abrão conta que, após acordar cedo e tomar banho, seu pai havia dito que tinha sonhado que fazia sexo com uma mulher branca, que o convidava: "Vem fazer sexo comigo, vem fazer sexo comigo!". "Então", continua Abrão, "fomos contar isso para a minha irmã mais velha [eu] e ela riu muito!" Falar livremente sobre sexo é uma característica dos Wari' e, pelo que contam os meus colegas antropólogos, de muitos outros grupos indígenas. Paletó, nas vezes em que esteve no Rio de Janeiro, nos contava frequentemente os seus sonhos, e diversos deles envolviam sexo, na maioria das vezes com a sua esposa To'o, que havia ficado na aldeia, mas também com outras mulheres wari'. Ríamos muito juntos, especialmente quando os relatos envolviam mulheres estranhas.

Um episódio particularmente memorável aconteceu na primeira viagem dele e Abrão ao Rio de Janeiro, em dezembro de 1992. Naquele tempo, existiam videolocadoras (de VHS!) e costumávamos ir a uma perto de nossa casa, onde escolhemos juntos diversos filmes, dentre eles *A guerra do fogo*, e um sobre o canibalismo na Nova Guiné, do qual não me recordo o nome, mas que fez um grande sucesso. As capas coloridas dos vídeos ficavam expostas em prateleiras, por setores. Em uma dessas visitas, chamou a atenção de Paletó, antes mesmo de Abrão, um setor em que se viam fotos de mulheres nuas. Era a seção de filmes pornográficos, que, antes da internet, era praticamente a única fonte disponível desses tipos de filmes. Tentei desviar a sua atenção, mas Paletó começou a retirar as capas, uma a uma, e a me pedir que lesse a sinopse do filme no verso. Envergonhada (afinal, eu o tratava como pai), comecei a ler, até que um deles o interessou particularmente. Era uma paródia, então relativamente recente, de *De volta para o futuro*. Alugamos o filme por absoluta insistência de Paletó, que pediu para vê-lo assim que chegamos em casa. Eu devia estar presente para traduzir, disse ele, embora logo tenha descoberto que quase não se falava no filme. Mas era preciso traduzir o enredo, para lá de complicado. Como no filme original, o protagonista volta ao passado e conhece os seus pais ainda jovens. Entretanto, em sua versão pornô, ele faz sexo com a sua mãe, uma jovem tremendamente sexy, em uma cena que toma bastante tempo do filme. Constrangida ao assistir com meu pai essas cenas de sexo explícito e ainda por cima incestuoso, tive além de tudo que responder às suas muitas questões. Perguntou-me se essas mulheres não tinham vergonha de mostrar o ânus, que ele chamou de "caminho da pamonha". Ao vê-las gemendo e gritando no momento do orgasmo, perguntou-me se iam morrer e acabou por concluir que tinha pena de todos eles porque não sabiam fazer sexo direito. Sobre as mulheres que dançam nuas, quando lhe expliquei que esse é o trabalho delas, ele retrucou: "Mas elas não escrevem no papel, como você?". Felizmente, não teve vontade de repetir a experiência em nenhuma das outras viagens, mesmo porque se acabaram as videolocadoras e, pelo que sei, com a disponibilidade da internet quando visitam Guajará-Mirim, os Wari', especialmente os jovens, têm amplo acesso aos filmes pornográficos (e grande interesse por eles).

Certamente, o inusitado do sexo de nosso filme foi uma impressão muito mais minha do que deles. Os mitos, considerados fatos que aconteceram no passado distante, e eram contados em família, geralmente de avôs ou pais para os filhos e filhas, são cheios de cenas de sexo, entre pessoas ou com animais que se fazem passar por gente. No mito do povo dos urubus, por exemplo, que Paletó me contou mais de uma vez, um homem ejacula dentro de uma mulher, mesmo ela tendo lhe avisado que não deveria fazê-lo. Como castigo, o seu pênis cresce tanto que ele tem que andar com ele enrolado, alojado em um cestinho pendurado no ombro. Quando quer fazer sexo, coloca o seu pênis no chão e ele se arrasta pelos caminhos, até se aninhar entre as pernas de uma mulher qualquer, que então leva um susto, mas não recusa. Em outro mito, uma velha é assassinada e desmembrada, e dela sobra somente o clitóris, que se esconde em diversos lugares para provocar os seus assassinos com piadas e risos. Fiquei surpresa quando um homem adulto escolheu esse mito para contar no meio de uma missa de Natal, celebrada pelo bispo emérito dom Roberto na aldeia Sagarana. Logo após o Evangelho, que falava dos três reis magos e de Jesus bebê, o bispo pediu que algum dos Wari' presentes (a missa era para eles) contasse uma história dos antigos que tivesse relação com o Evangelho. O homem subiu ao altar e começou a falar em wari', bem baixinho, como eles fazem, e mal pude acreditar em meus ouvidos quando me dei conta do mito que ele havia escolhido. Aos Wari' presentes, a escolha não pareceu estranha. O bispo, abençoado por não compreender bem o idioma wari', não soube do que se tratava, manteve um sorriso no rosto durante toda a narrativa, e ao final, agradeceu.

Além da sua imaginação livre e expressão verbal dos pensamentos sobre sexo, encantava-me também o modo como os Wari' lidavam com o próprio corpo e o dos outros. Certa vez, ainda nos meus primeiros meses, ao aproximar-me da casa de Paletó, vi-o deitado e totalmente nu, com suas filhas catando carrapatos em suas coxas. Ao me verem, imediatamente pararam. Paletó entrou em casa e colocou um calção. No fim da vida, entretanto, não tinha mais vergonha de mim, e mais de uma vez desci as suas calças para que ele pudesse fazer xixi. Em 2005, quando estava morando com Paletó e To'o em Sagarana, escrevi em meu diário de campo: "Gosto desse jeito dos Wari', de tudo com o corpo ser público: peidam, arrotam, tiram meleca. Hoje, quando To'o chegou na casa de Luisa, riu, falou duas palavras e começou a catar piolhos nela".

Catar piolhos é uma forma de conversa e não se precisa pedir licença; a cabeça do outro é sempre franqueável. No início, sofri com a falta de piolhos, porque tão logo alguém começava a mexer na minha cabeça, desinteressava-se. Um dia fui surpreendida pelo interesse de uma mulher ao finalmente encontrar em mim um piolho e me tornei uma participante legítima dessa conversa muda, pelo corpo. Tenho duas lindas fotos de meus filhos. Em uma delas, Francisco, com seus catorze anos, de camiseta azul e calça comprida, tem a cabeça deitada em um grande saco cheio de castanha, sobre um estrado de paxiúba, e um livro fechado nas mãos. Ao redor de sua cabeça estavam a avó To'o, a tia Ja e uma menininha, mexendo atentamente em seus cabelos à cata de piolhos. Ele tem os olhos semicerrados e um sorriso. Na outra foto está André, com uns cinco anos, vestido com uma camisa listrada supercolorida e uma calça vermelha. Está com a cabeça deitada no colo de uma moça, sentada sobre um estrado de paxiúba, que mexe em seus cabelos. Tem na boca uma grande carambola amarela, que segura com as mãos.

 Essas lembranças subitamente me remetem a um contexto completamente diferente, muitos anos depois, quando me dei conta de que o acesso não mediado por palavras à cabeça dos outros era de fato uma deliciosa particularidade dos Wari'. Estava em uma casa de massagem em Siem Riep, no Camboja, que se chamava Lemon Grass (Capim-Limão), onde nos serviam do chá dessa planta enquanto esperávamos. O povo daquele país, especialmente os habitantes das montanhas, me lembrava os Wari', por seus traços físicos e suas casas cobertas de palha, e volta e meia me via pensando neles, e em palavras em sua língua, como se eu pudesse me fazer entender usando-as ali. Depois de já viciada em *foot massage*, decidi fazer uma massagem de corpo, que corria maravilhosa como as outras, quando fui surpreendida pela pergunta, em inglês: "Posso tocar a sua cabeça?". Sim, por favor.

14.
A conversa com o bispo
e os equívocos do contato

Em março de 1995, fui convidada pelo pessoal do Conselho Indigenista Missionário, o Cimi, para oferecer a eles, na cidade de Ji-Paraná, em Rondônia, um seminário sobre a relação dos Wari' com o cristianismo, tema que eu havia começado a estudar e que tinha interesse em discutir com os missionários religiosos e leigos ali presentes. Decidi trocar o pagamento em dinheiro que me ofereceram pelo direito de levar dois convidados, Paletó e Abrão, que fui buscar no rio Negro. Fizemos o trajeto de cerca de cinco horas, de Guajará-Mirim a Ji-Paraná, em uma caminhonete, e nos hospedamos em uma casa grande, um pouco afastada da cidade, com muitos quartos, um grande refeitório e uma ampla sala de reuniões, onde aconteciam as aulas. Instalaram-me no quarto ao lado do de Paletó e Abrão, de modo que tivemos uma semana de intensa convivência, especialmente durante as muitas refeições e lanches. Ficaram encantados com a abundância de comida. O texto de autoria de Abrão sobre essa viagem, que mencionei acima, termina com a sua percepção da importância de Paletó para mim: "Somente o nosso pai nos ajuda por conhecer as histórias dos antigos. É por isso que a minha irmã mais velha sabe. Se meu pai não existisse, ela não saberia".

Além de vários missionários, estava presente no seminário o padre Roberto Arruda, já com o título de bispo (emérito, pois aposentado), que havia participado dos primeiros contatos.

Era um homem alto e forte, grisalho, e com uma voz bem firme em seus setenta anos, ainda com sotaque do interior paulista. Tinha uma grande admiração pelos Wari', e depois que se aposentou passou a viver boa parte do tempo na aldeia Sagarana, onde morreu e foi enterrado. Os Wari' se referiam a ele como "nosso avô". Um dia, após o jantar, ainda sentados na comprida mesa, pedi-lhe que me contasse, para eu gravar, os detalhes da expedição de contato de que havia participado. Ao meu lado estava Paletó, que esteve presente aos acontecimentos narrados por dom Roberto, embora não falassem uma língua comum, tanto na ocasião do primeiro encontro como naquele momento em Ji-Paraná. Atuei como tradutora, resumindo segmentos da narrativa de dom Roberto para Paletó, que então se animava a contar o que havia se passado, e eu procurava traduzir para dom Roberto. Ficaram claros os detalhes dos equívocos gerados no encontro, que, trinta anos depois, pareceram até engraçados.

Dentre outras coisas, dom Roberto contou que só foi saber do episódio do ataque ao branco da canoa, Joaquim, quando chegou de volta ao acampamento que haviam construído um pouco rio abaixo, após ter andado um dia inteiro pela área para procurar os melhores pontos para deixar os presentes para os índios, passando inclusive por Koxain. O episódio ocorreu no dia 26 de junho de 1961, um mês depois da partida da expedição de Guajará-Mirim. No acampamento, contaram-lhe que, assim que Joaquim foi atingido, Xijan, que estava na canoa, ficou de pé e começou a falar em wari' com os guerreiros. Sem entender nada, os brancos que estavam no acampamento, tendo ouvido de longe o barulho, pegaram as suas espingardas achando que fossem caçar queixadas, mas os Wari', entendendo do que se tratava, tiraram as suas roupas e se jogaram na água para seguir os guerreiros, gritando coisas que os brancos não entendiam. Um deles foi justamente aquele que acabou por encontrar Jimon Pan Tokwe no caminho para Koxain, conversou com ele e o seguiu até a sua casa em Terem Matam. Provavelmente deixaram de encontrar dom Roberto por pouco, pois ele acabara de sair de Koxain, onde deixara, segundo ele, um caldeirãozinho de alumínio e um terçado.

Segundo dom Roberto, em Koxain havia umas seis casas, sendo três delas queimadas, provavelmente um incêndio criminoso por parte de brancos, ele avaliou. Como os Wari' nunca mencionaram um ataque ali, imagino que as casas tenham sido queimadas por eles, por ocasião de doenças ou morte. As três casas restantes estavam em bom estado, e em uma delas tinha uma enorme pilha de milho, como era costume entre os Wari', e certamente era para ela que se dirigia Jimon quando foi encontrado.

Quando os brancos foram para Koxain, para esperar o pessoal chegar de Terem Matam, já acompanhados dos diversos Wari' que estavam no acampamento, Paletó encontrou dom Roberto e notou os seus óculos, e os dos outros homens, que ele disse serem olhos estranhos. Paletó diz que ficaram todos sentados nos estrados das casas, mas na lembrança de dom Roberto sentaram-se em esteiras em torno de uma fogueira. A conversa era difícil, disse dom Roberto, porque Antônio Costa, o homem que já conhecia os OroNao' da outra margem, que viviam com os brancos fazia cinco anos, e que servia de intérprete formando uma dupla com um Wari' de nome Wem Kanum, não entendia quase nada do que os novos Wari' falavam.

Na série de equívocos que se sucederam, dom Roberto, por meio dos dois intérpretes, pediu para que lhes apontassem os chefes dos Wari', sem saber que eles não têm chefes ou noção alguma de hierarquia. Foi então que se aproximaram três homens: Paletó, seu sogro Jamain To'u e Wem

Tawinain. Eles ofereceram arcos e flechas aos brancos, o que, para dom Roberto, foi um sinal de paz, e, para Paletó, um presente. Ali, no refeitório de Ji-Paraná, dom Roberto ficou surpreso em saber que Paletó era um daqueles homens que primeiro se colocaram diante deles. Penso comigo que não poderia ser outro senão Paletó, com a sua curiosidade sempre à flor da pele.

Tenho algumas fotos desse exato momento, que consegui nos arquivos da Prelazia de Guajará. As fotos datam de cinquenta e seis anos atrás, de modo que Paletó deveria ter por volta de trinta anos. Já havia perdido o pai, a esposa e a filha, assassinados, e agora vivia com To'o e a filha pequena, Orowao Karaxu. À esquerda de uma das fotos está Fernando Cruz, com seus óculos, vestido ao modo dos anos cinquenta, com calça, cinto e camisa de mangas curtas, fechada por botões para dentro das calças, cabelo muito curto, tipo soldado, recebendo um arco e umas flechas das mãos de Jamain To'u que, nu, já veste um colar-fantasia de pedras. Ao lado dele, de frente para o fotógrafo, está Paletó, com o cabelo ao modo tradicional dos homens, na altura das orelhas e repartido ao meio, com o olhar muito atento, segurando também um arco e flechas. Ao lado dele, parcialmente encoberto por Fernando Cruz, encontra-se outro homem, provavelmente Wem Tawinain, também com suas armas prontas para ser ofertadas. Em duas outras fotos, os mesmos homens estão agora ao lado do então padre Roberto, com óculos, vestindo uma batina branca que ia até os pés, e também de um outro homem branco, mais jovem, que não soubemos identificar. Em uma delas, padre Roberto está sorrindo, olhando para o alto, vendo Paletó e Jamain To'u esticarem os seus arcos para cima. Paletó, com o rosto parcialmente coberto pelo braço que distende o arco, está rindo.

Provavelmente pelo fato de os brancos tomarem Jamain To'u por chefe, deram para ele o tal colar-fantasia, que ele certamente vestiu por cortesia, assim como deve ter acontecido com vários outros homens, que aparecem em uma foto enfileirados, com a floresta ao fundo, nus e usando colares. E não só o colar. Segundo dom Roberto, deram ao "chefe" Jamain To'u boa parte das ferramentas de metal que haviam levado como brindes, para que ele as distribuísse entre o seu povo.

De acordo com Paletó, Jamain To'u, não sendo chefe, se deu bem casualmente, porque carregava um cesto, e com isso pôde pegar quantidade muito maior de ferramentas que os outros.

Enquanto Paletó se concentrava, em suas interferências, nos nomes das pessoas presentes, no aspecto estranho dos brancos e na quantidade de comida que receberam, dom Roberto falava sobre os bastidores desastrosos da expedição. Contou que, ao partirem, avaliaram uma população de trezentos índios para o cálculo dos medicamentos, mas encontraram por volta de três mil. Ainda nos primeiros dias, apareceram por lá homens do SPI, dentre eles o conhecido sertanista Francisco Meireles, e logo depois começaram as epidemias, que dom Roberto atribuiu a essa visita, mesmo reconhecendo que não se fez exame algum nos brancos e nos índios que participaram da sua expedição. Aquele que encontrou Jimon Pan Tokwe no caminho de Koxain e conversou com ele, de nome Orowao Powa, contatado um mês antes, estava fraco e doente, e logo teve que retornar.

Assim que viu o início das doenças, dom Roberto desceu de voadeira para Guajará-Mirim para tentar conseguir remédios e levar aos Wari'. Era fim de junho de 1961. Sem crédito, não conseguiram nada na cidade, e só mais tarde, depois de muitas dificuldades, receberam caixas de medicamentos enviadas de São Paulo pelo bispo dom Rey, que havia viajado para lá com esse objetivo. Quando estavam se preparando para subir novamente o rio em direção aos Wari', Fernando Cruz, que estava em Brasília, pediu que o esperassem. De acordo com dom Roberto, ao chegar a Guajará, Fernando Cruz foi direto para a festa anual da cidade boliviana vizinha, Guayaramerín, no dia 6 de agosto, e somente no dia 8 apareceu, bêbado, para embarcar em Guajará. Com todo esse tempo decorrido, as doenças já haviam se alastrado. Foi esse mesmo Fernando Cruz que, segundo dom Roberto, decidiu levar um grupo de pessoas, homens e mulheres wari', até os seringais do alto rio Pacaás Novos, logo após o contato, para que, comprovando a pacificação diante dos seringueiros, pudesse desfrutar da cervejada prometida pelo seringalista Manoel Lucindo, um dos principais mandantes dos massacres aos Wari'.

Paletó estava nesse grupo e, ao contar-me esse evento muitos anos depois de nossa viagem a Ji-Paraná, lembrou-se de que, ao subirem o rio, Fernando Cruz ia explicando para os seringueiros que encontravam pelo caminho — e que demonstravam medo dos Wari' — que aqueles agora eram gente dele, que não iam mais atacar. As mulheres dos seringueiros escondiam-se de medo, e Fernando Cruz dizia que não deviam temer. Em clima festivo, pediram aos Wari' que pintassem a eles e às suas mulheres com urucum. Alguns homens wari' ficaram nos seringais dali, trabalhando para os brancos, e só se juntaram aos seus parentes anos depois. Um deles foi Awo Kamip, sobrinho de Paletó que, tendo aprendido o português com os seringueiros, serviu depois de intérprete para os missionários no rio Negro, o que o levou a se tornar pastor.

Essa não foi, entretanto, a primeira incursão dos padres ao território wari'. Em novembro de 1950, um padre beneditino chamado Mauro Wirth, mesmo desaconselhado pelo bispo dom Rey, subiu o rio Ouro Preto, afluente da margem direita do Pacaás Novos, acompanhado, até certo ponto, de mateiros, em busca dos já famosos índios arredios, disposto, nas palavras do jornal local, a "trazê-los para o rebanho do Senhor". Depois disso, não se soube dele por um ano, até que uma expedição saiu à sua procura e encontrou pedaços da batina, e os vários presentes que levava para os índios, intocados, dentro de uma mala de couro preta. Os Wari' lembram-se perfeitamente do padre, que, segundo eles, não pensava direito. Disseram que ele usava roupa comprida e óculos, sentou-se sozinho em uma casa wari' vazia e começou a gritar chamando os índios, pondo-se depois a tocar uma gaitinha. Observaram-no por algum tempo e resolveram flechá-lo. "Pensamos que ele ia pegar nossas mulheres", disse-me um homem.

15.
As epidemias

As epidemias que se sucederam aos primeiros contatos no rio Negro foram uma catástrofe em grande escala, que, somadas aos massacres que antecederam ao contato, dizimaram cerca de dois terços da população wari', atingindo especialmente aqueles que fugiram dos brancos e não foram medicados logo de início.

Paletó contou que no dia seguinte ao primeiro encontro já começaram a tossir e, um a um, foram caindo deitados nos estrados das casas. Estavam doentes. "Os brancos são ruins, dizíamos!" Chegou então um homem OroNao', do grupo contatado havia cinco anos, e disse a eles: "Venham logo, os brancos vão dar injeções em vocês!". Foram todos, os homens, suas esposas e as crianças. No caminho, alguns, já muito doentes, tinham que ser carregados. Queriam carregar Paletó, porque ele tossia demais, mas ele preferiu continuar andando. Nesse momento, segundo ele, alguns estavam com muita raiva dos brancos, lembrando-se de tantos parentes que haviam sido mortos por eles. Andaram, andaram e chegaram a um outro acampamento dos brancos, onde estava um homem chamado Antônio Costa, funcionário do SPI, aquele que fazia as vezes de tradutor entre os Wari' e os brancos no relato de dom Roberto. Ele trazia nas mãos as seringas e agulhas de injeção, e os Wari', ao verem-nas, saíram correndo. "Não queremos, não queremos esse espinho", diziam. Até que um dos OroNao', Wem Kanum, ofereceu seu braço a ele para mostrar aos recém-chegados que não iriam morrer pelo espinho do branco. "Ah, está bem", disseram os outros ao vê-lo tomando a injeção. Deram xarope para Paletó e para os outros que tossiam. Passaram a noite acordados, dando remédios.

Um homem, chamado Maxun Taparape, decidiu não seguir o grupo e, de Koxain, partiu rio acima, para a terra dos OroEo e OroAt, para avisá-los da chegada dos brancos e de tudo o que estava acontecendo. Havia ali também muitos OroNao', seus parentes, fugindo dos brancos, como Paletó fizera antes. Maxun Taparape resolveu fazer uma brincadeira que não deu certo. Quando o viram chegar, disseram: "Chegou o nosso avô!". Ele, sacudindo um terçado, retrucou: "Viramos brancos, viramos brancos!". "Vamos fugir", disseram os Wari' para as suas mulheres! "Deve ser o espectro do branco que nós matamos há um tempo atrás!", disseram os OroEo. Muitos fugiram para o mato. Outros, em dúvida, insistiram que se tratava do avô, e ele finalmente explicou que os brancos os estavam chamando. Seguiram-no até Koxain, para pegar ferramentas, mas depois voltaram para as suas terras. E foram morrendo, pelo caminho, nas casas, na floresta. "Sobraram poucos OroEo", conclui Paletó, "e tudo por culpa desse doido do Maxun Taparape, que não sabia explicar direito, que brincou quando tinha que falar sério."

Todos os Wari' se lembram do som das pessoas tossindo e gemendo, extremamente magras, pois não haviam plantado roças e estavam fracas demais para caçar. Andavam de uma localidade para a outra, tentando escapar da doença, e morriam no caminho. Orowao Kun, genro de Paletó, disse-me que, rapazinho, carregou a sua mãe por um trecho, mas ela morreu e ele teve que abandoná-la aos urubus, o que lhe causou um grande horror. Não podiam comer os seus mortos e nem mesmo queimá-los, pois os sobreviventes também estavam magros e fracos demais. To'o, esposa de Paletó, ficou gravemente doente e quase morreu. "Não sei dizer como sobrevivemos", disse Paletó, que adoeceu levemente, logo ficou bom (ele "não sabia morrer"), e fez parte do grupo de homens que foi até a terra dos OroEo, na região de Kit, a localidade dos machados de pedra, para tentar dar a eles remédios.

Dom Roberto falou de muitos homens indo nessa expedição aos OroEo, da qual ele mesmo fez parte. No caminho pararam em Hwijimain Xitot, onde Paletó já havia morado, e vinte pessoas doentes receberam injeções. Paletó conta que, quando chegaram perto de Kit, todos tiraram as roupas, com exceção do padre, de Fernando Cruz, de Rui e de um outro auxiliar chamado Assis. Até José Grande, o cozinheiro, tirou sua roupa. No caminho, viram os cadáveres. Chegaram ao porto dos OroEo e os encontraram muito magros: "Não tinham mais corpo os OroEo!". Quando viram Antônio Costa preparar a seringa para dar injeções, reagiram da mesma forma que os outros: "Não queremos esse espinho, temos medo do espinho!". Dessa vez foi Hwerein Pe e', o sobrinho de Paletó, quem ofereceu o seu braço para a injeção, para que eles perdessem o medo.

Dom Roberto lembrou que muitas das casas em Kit estavam queimadas (imagino que devido às mortes) e que havia pouquíssima água, que ele fervia para dar aos doentes. Os doentes espalhados foram carregados pelos outros Wari' até Kit, para ser tratados. Muita diarreia, tosse e febre, lembrou-se ele. Passaram a noite toda ouvindo os gemidos. Hwerein Pe e' pediu ao então padre Roberto que desse a eles algo para a dor, e ele teve a ideia de fazer massagens com cânfora. Dom Roberto lembrou-se de uma mulher muito doente, e Paletó logo acrescentou (ao ouvir a minha versão para ele) que era a mãe de A'ain Xit, morador atual do rio Negro, que melhorou com a cânfora. Paletó reproduziu a sua respiração entrecortada e difícil.

Em nossa viagem a Kit em 2002, encontramos, justamente no lugar em que acampamos, próximo à água, frascos antigos de remédios, desses de vidro azul grosso, espalhados pelo chão. De fato, parece que ninguém havia voltado ali em todos esses quarenta anos que separaram as duas viagens. Quando olhamos para os vidros sem compreender o que faziam ali, os homens OroEo identificaram-nos rapidamente como frascos de remédios, e aquele local como o lugar onde medicavam os doentes. A rápida reação à estreptomicina, de acordo com dom Roberto, não foi suficiente para amenizar esse episódio de mortandade em massa.

Não sou capaz de ter a dimensão desse horror por que passaram os Wari', mesmo com o auxílio de fotos de pessoas magérrimas, semelhantes àquelas que víamos nas famosas fotos de Biafra, na Nigéria, no fim dos anos 1960, ou da Etiópia, nos anos 1970. Algumas das mais chocantes que pude ver retratavam a doença terminal e a morte de uma criança, que na sequência era cortada e depositada sobre o moquém funerário. Não só a criança era esquelética, mas também eram as pessoas que a choravam, segurando-a no colo. Feitas por um repórter da revista *O Cruzeiro*, enviado ao local para atestar a existência do canibalismo, tiveram a sua publicação vetada por um grupo de eminentes antropólogos, na tentativa de evitar qualquer ação preconceituosa dos habitantes locais sobre os já tão debilitados índios. Preservadas não se sabe por quem, foram, supreendentemente, parar nas minhas mãos em dezembro de 1987, quando, ao dar uma palestra sobre o canibalismo funerário wari' em Belém, fui abordada por um fotógrafo que me ofereceu as fotos de presente. Atônita, já no Rio de Janeiro, recebi, via portador, uma série de negativos, que eu mesma revelei em meu laboratório caseiro, em Santa Teresa. Passei noites sem dormir, não pela ideia de canibalismo que elas continham, mas pela imagem daqueles rostos em puro osso, com olhos enormes, esbugalhados, e corpos curvados, daqueles quase esqueletos, que surgiam sob a luz vermelha no líquido revelador, dentro da minha casa.

16.
Guajará-Mirim, Brasil

"Vamos afundar, vamos afundar!", pensou Paletó ao entrar pela primeira vez em um barco grande. Depois da visita aos seringais, um grupo de homens wari', levados por Fernando Cruz, desceu todo o rio Pacaás Novos em uma grande embarcação, até a sua foz no Mamoré, chegando a Guajará-Mirim. Era o início do mês de outubro, lembrou dom Roberto. Fernando Cruz queria mostrar os índios aos brancos da cidade e receber os louros pelo seu feito. Como dom Roberto havia ficado no Barracão no rio Negro, cuidando dos doentes, ao chegar a Guajará, Fernando Cruz teve que se haver com o bispo dom Rey, explicando a ele o que fora feito do seu padre. Gilberto Gama, o outro homem do SPI, desceu com eles, mas teve um desacordo com o bispo devido a rumores de que ele havia tido relações sexuais com as índias. A polícia foi levada a intervir e Gilberto foi despachado para fora da região.

Paletó conta que ficaram muitos dias em Guajará. Assim que chegaram, compraram roupas para eles, para que pudessem encontrar os brancos. "Não tínhamos roupas, só o que se via eram os nossos pênis!" Pediram a eles que mostrassem como flechavam, e eles flecharam árvores para que vissem. Fernando então os chamou para irem ao quartel, e Paletó lembra-se rindo que não conheciam o pão que, com manteiga, acharam que fosse algo podre e se recusaram a comer.

Como imaginar essa primeira visão de uma cidade por pessoas que jamais haviam deixado a floresta? Não que Guajará-Mirim fosse uma cidade grande em 1961, e não o é ainda hoje, com seus cerca de quarenta e sete mil habitantes. Naquele tempo, a cidade, hoje espalhada e com muitos bairros periféricos, concentrava-se nas margens do rio Mamoré, onde ainda se veem as casas construídas de frente para o porto por volta dos anos 1920, quando o então povoado ganhou o estatuto de cidade. Uma dessas casas às margens do rio, mas de construção mais tardia, era, até recentemente, a sede da Funai local. Em frente a uma praça, com coreto no meio, está a Diocese da cidade, chamada de Prelazia naquele tempo, onde viviam o bispo dom Rey e o padre Roberto, e que Paletó e seus companheiros visitaram naquela viagem. O quartel, também mencionado por Paletó, fica mais distante desse centro.

Margeando o rio veem-se vestígios da famosa ferrovia Madeira-Mamoré que, inaugurada em 1912, foi desativada em 1972, e boa parte dos trilhos que levavam a Porto Velho foi coberta pelo asfalto da rodovia que liga as duas cidades. Sempre que faço esse percurso de ônibus, sacudindo nos muitos buracos do asfalto, dói-me ver aqueles pedaços de trilhos aparente, e as estreitas pontes de ferro construídas para a passagem do trem, que custaram tantas vidas para ser instaladas. Nos anos oitenta, em minhas primeiras viagens, parte da estrada ainda era de terra e, quando chovia, alguns trechos ficavam tão alagados que o ônibus de ida tinha que aguardar o ônibus de volta para que os passageiros passassem a pé de um para o outro, carregando as suas malas. Faziam então meia-volta e seguiam. A antiga estação de trem virou o museu da cidade, que exibe, do lado de fora, duas das antigas locomotivas.

A construção da ferrovia afetou a vida dos Wari', pois alguns de seus trechos passavam perto do território do subgrupo Oro-Waram, na foz do rio da Laje, que deságua no rio Madeira. Com o trem, mais pessoas chegaram ali, sobretudo seringueiros, que então adentravam as terras dos Wari' e os matavam. Pelo que me contou dom Roberto, os Wari' chegaram a destruir parte das benfeitorias, e por isso alguns trechos dos trilhos foram eletrificados. Embora eu jamais tenha ouvido falar de os Wari' terem entrado na cidade antes desses primeiros contatos pacíficos, sei de vários episódios de expedições para flechar o próprio trem em seu percurso, um corpo estranho de onde saíam os brancos, que também eram flechados. Um de meus amigos wari', já falecido, recebeu o nome de Delegado depois que flechou o delegado de Guajará-Mirim enquanto ele pedalava ao lado do trilho.

Não é difícil imaginar o clima tenso desse período e a animosidade dos habitantes locais em relação aos Wari', expressa com perfeição em uma matéria do jornal local, *O Imparcial*, datada de 8 de janeiro de 1961, ou seja, de antes do contato tanto com os OroWaram e seus vizinhos quanto com os Wari' do rio Negro:

> Ultimamente — há cerca de dois meses — parece que os indígenas dessa região sofreram um transe hidrófobo.

Apresentam-se ousados e atacam com audácia desabusada. Estranhamos esse proceder [...] eis que o selvagem é instintivamente precavido e medroso diante dos "brancos". Sua sanha sanguinária é a do tigre encurralado que ataca sem visar objetivo, movido apenas pelo alvitre natural da defesa, essa coisa que constitui o sistema egocêntrico, força sublime transmitida ao instinto animal para a conservação do sopro da vida. Eles são humanos, embora que produtos de um campo diferente e que consideramo-los uma espécie de criação híbrida.

No mesmo jornal, escreveu-se alguns dias antes, em 1º de janeiro de 1961:

> É necessário ação e muita ação. Entrevistas chorosas não dão vida nem saúde aos que labutam em nossas matas, à busca de recursos para suas sobrevivências. É preciso protegê-los de fato contra essa horda de assassinos frios que as infestam, protegidos por leis absurdas e que privam regiões como esta de um efetivo desenvolvimento.

Embora Paletó vivesse muito longe dali e não tenha participado dessas expedições ao trem e aos arredores de Guajará, foi levado a essa cidade para assegurar aos brancos de que agora "estavam bonzinhos". Depois desses dias na cidade, o grupo de Paletó entrou novamente em um grande barco, que subiu o rio na direção do alto rio Negro, onde ficava o chamado Barracão Velho, a sede do SPI. Lá estavam os doentes sendo tratados e todos os demais. Fazia tempo que eles não viam as suas esposas, observou Paletó, pois nessa viagem a Guajará foram somente homens. "Lá estava a tua mãe", disse-me ele, referindo-se à sua esposa To'o. Estava totalmente curada. Foram então fazer roça em Mana Arup. O padre, disse Paletó referindo-se a dom Roberto, desapareceu. "Não vimos mais essa gente dos padres!" Dom Roberto, ao seu lado, acrescentou que foi o diretor do SPI que disse que não queria ver cara de padre por ali, mas que ele ia às regiões mais próximas da cidade sempre que era chamado para tratar doentes.

Na viagem de subida, alguns Wari' ficaram pelo caminho, em Tanajura, na margem esquerda do rio Pacaás Novos, onde viviam os Wari' que ficaram anos isolados e foram contatados, já havia cinco anos, pelos missionários evangélicos. Wan e', meu primeiro pai, foi um dos que ficaram. Juntaram-se a ele depois minha mãe, Orowao Xik Waje e dois de seus filhos, Jamain e Maxun Hat (aquele que quebrou a costela no jogo de futebol e dizia que ia morrer). Eram meninos ainda e, assim como os outros, logo foram catequisados pelos missionários evangélicos que já viviam ali. Paletó me contou, certa vez, que o pessoal do rio Negro só se converteu mesmo com a visita que receberam de Jamain e Maxun Hat, já rapazes, quando falaram a eles sobre o Deus que os missionários lhes haviam apresentado. "De onde veio o ser crente de vocês?", perguntei. "De Jamain e Maxun Hat", disse-me rapidamente Paletó.

17.
Encontrando os missionários

Somente meses depois do primeiro contato, depois da viagem à cidade, e de volta a Koxain, os Wari' da região do rio Negro foram encontrar Royal Taylor, um dos missionários norte-americanos da New Tribes Mission. Ele colaborava com a equipe de missionários que fez o primeiro contato com os Wari', aqueles da outra margem do rio Pacaás Novos, e com os Wari' da região do rio da Laje, um mês antes do contato no rio Negro pelos padres. Sabendo do contato ali, e da ausência do padre e sua equipe, que haviam ido para a cidade, imediatamente os missionários protestantes instalaram-se junto a eles.

Royal, que eu conheci já idoso em 1994, era jovem ainda, com o corpo forte, disse Paletó. Como já conhecia algo da língua wari', começou imediatamente a pregar para os recém-chegados a Koxain: "Deus é bom, foi quem criou os Wari'". À noite, juntava todos sob o que Paletó disse ser um grande mosquiteiro e pregava. "A sua esposa, Joanna, escrevia a nossa língua", disse Paletó. Royal dizia:

Deus criou os sapos, criou os patos, criou todos os animais, todos os peixes, a água, a chuva, o sol, a lua, as estrelas, as nuvens, criou-nos também, e ao nosso avô Adão. É por isso que existimos. Ele criou também todos os brancos. Eu vim de muito longe, Deus me mandou vir, para não deixar que matassem vocês, meus irmãos.

Paletó diz que os Wari' achavam muito estranha essa conversa de criação das coisas, e que um olhava para o outro interrogativo, perguntando: que negócio é esse? "Havia os que só ouviam, e os que riam. Ele cantava uma música assim: 'Vamos para o alto, vamos para o alto, o alto verdadeiro de Deus'." Royal disse-lhes ainda que Jesus veio, não gostaram dele, mataram-no e ele reviveu.

Uma mulher wari', Kimoi, achou aquilo muito estranho: "O branco está dizendo que morreu e reviveu!". "Então era por isso que ele mancava!", concluíram. Era um morto! A notícia se espalhou. O equívoco foi logo esclarecido por um homem que havia sido levado a Manaus por Royal e recebido ensinamentos cristãos. "Quem ressuscitou foi Jesus, e não Royal", explicou ele. Ouvindo tudo isso, Paletó disse que ficava em silêncio. Por muito tempo não quis ser crente.

Segundo as lembranças de Paletó, Royal foi para Guajará. No lugar dele, e já no Barracão Velho, sede do SPI, chegou Leroy, também norte-americano, que continuou a pregação de Royal, sem que os Wari' entendessem do que se tratava. "Sei lá, sei lá", diziam eles. A esposa de Leroy e a filha deles haviam morrido em um acidente de avião na ida para Manaus, e ele se casara de novo. A missionária Barbara Kern já vivia na região, lembra-se Paletó. Era muito jovem e casou-se ali com um colega missionário de origem alemã, Manfred. Os dois viveram cerca de trinta anos quase ininterruptamente junto aos Wari'.

Barbara foi uma das principais tradutoras da *Bíblia* para a língua wari'. Conheci-a, e o seu marido, na minha primeira viagem, em 1986, e encantei-me com a sua gentileza. Quando nosso barco quebrou certa vez perto de Tanajura, ao nos dirigirmos de Guajará em direção ao Santo André, rio acima, Barbara abrigou a mim e a Beth em sua casa, e ainda nos ofereceu *cookies* no café da manhã, coisa impossível de esquecer quando se está na floresta. Anos depois, quando eu passava um tempo em Tanajura com Francisco muito pequeno, percorri correndo os quinze minutos de trilha que ligavam a aldeia à casa de Barbara carregando Francisco, então com um ano de idade, às costas, febril e sem forças. Não havia um só barco no posto da Funai onde vivíamos e eu sabia que devia levá-lo à cidade o mais rápido possível. Cheguei à casa de Barbara ofegante e logo caí em um choro desesperado, que foi amenizado por ela candidamente com um copo de água com açúcar. Em menos de meia hora eles prepararam o barco para nos levar a Guajará, e lá descobri que Francisco estava com uma forte infecção urinária, eficazmente tratada com antibióticos. Embora não possa aceitar o trabalho de catequese que realizam, que a meu ver acaba por minar o que há de mais vital na cultura wari', serei eternamente grata a eles pela ajuda que me deram naquele momento. Com eles, e com outros amigos que fiz em Guajará, aprendi que a solidariedade nessas regiões afastadas pode superar divergências ideológicas.

Ao lembrar-se daqueles primeiros tempos, Paletó falou longamente sobre Barbara, dizendo que ela teve os filhos lá mesmo, na aldeia. Surpreendeu-se certa vez ao ver que o primogênito, Jonathan, que ele conheceu bebê, já tinha cabelos brancos. Sempre gostou dela, e me lembro da conversa deles por *Skype* em minha casa, ele no Rio e ela na Alemanha.

Paletó conversando comigo por Skype.

18.
Na terra dos padres

Depois de cerca de quatro anos vivendo no Barracão Velho, sede do SPI no alto rio Negro, na companhia de Royal e outros missionários protestantes, Paletó e sua família foram convidados a ir para Sagarana, colônia agrícola fundada pela Prelazia de Guajará-Mirim em 1965, e que já abrigava vários Wari' dos subgrupos OroMon, OroWaram e OroWaramXijein, assim como alguns índios de outras etnias, como Makurap e Kanoê. Sagarana ficava totalmente fora do território tradicional dos Wari', na confluência dos rios Mamoré e Guaporé, e havia sido doada aos padres por uma instituição católica, para que pudessem abrigar os doentes que chegavam das aldeias ao hospital da cidade.

A construção da sede de Sagarana foi gerenciada inicialmente pelo padre Roberto Arruda, mas, dada a doença do bispo dom Rey, ele teve que assumir a Prelazia ainda em 1965, e no ano seguinte foi nomeado bispo. O gerenciamento de Sagarana foi então passado a um homem lituano que se dizia padre e médico, de nome Bendoraites, ativo no tratamento dos Wari' que chegavam doentes à cidade. Em Sagarana eles tinham horários rígidos de trabalho, eram obrigados a obedecer a regras de higiene e proibidos de fazer festas ou de cantar suas músicas.

Padre Bendoraites visitava Sagarana esporadicamente, deixando os cuidados diários da colônia nas mãos de um jovem rapaz boliviano chamado Antenor, que usava de técnicas violentas para atingir os seus objetivos. Ameaçava os índios com arma, construiu uma cadeia com porta e cadeado para trancar aqueles que cometiam infrações, como roubo de galinhas, e amarrava com correntes as mulheres que praticavam aborto, contaram-me os Wari'. Ao conversar comigo sobre isso, um homem lembrou-se de esposa e crianças chorando pelo pai preso na cadeia subterrânea, por meio do canto fúnebre. De dentro do buraco fechado a chave, o prisioneiro dizia-lhes, também por meio do canto fúnebre, que iria morrer. Alguns tentavam fugir, mas eram perseguidos por Antenor e acabavam voltando, mesmo porque não conheciam aquele território para que pudessem adentrar-se nele. Enfim, uma espécie de missão do século XVI em pleno século XX. Não é surpreendente, portanto, que pessoas que habitaram ali naquela época neguem a versão da Prelazia sobre o tratamento de saúde, pois supunham ter sido levadas para lá por castigo. Era uma prisão, de onde não sabiam como sair.

Praticamente não havia catequese. Antenor e o padre não falavam a língua wari', mas havia missas, que Paletó descreve assim:

> Davam para nós um pedaço de pamonha [hóstia] que, quando colocávamos na boca, sumia. Tinha também bebida realmente alcoólica [para o padre], acendiam-se muitas lamparinas, ajoelhava-se. Sentávamos e também se cantava em Sagarana. Eu não entendia o nome da música. Só ficava com os olhos fechados. Depois, Amém.

Bendoraites, que, descobriu-se mais tarde, não era médico nem padre, aproveitava suas visitas para realizar suas fantasias homossexuais, oferecendo presentes aos homens para que o masturbassem. Conversando com alguns desses homens certa vez, na companhia de Paletó, surpreendi-me por saber que achavam isso engraçado, um comportamento ridículo do padre, que de certa forma era benéfico a eles, pois bastava que "trabalhassem no pau do padre" para ganharem bens cobiçados, como redes e cobertores. Bendoraites fazia também fotos das mulheres wari' nuas, para, segundo ele, enviar para a Europa em troca de doações. Tudo isso se passava longe dos olhos e do conhecimento do bispo e dos outros padres, que raramente iam a Sagarana, e evidentemente não eram informados por ele dos detalhes do que se passava ali. Dom Geraldo Verdier, bispo que sucedeu a dom Roberto, e que faleceu alguns meses depois de Paletó, ficou horrorizado quando lhe contei, usando todos os eufemismos que me ocorreram, das aventuras sexuais do falso padre, que naquele momento estava preso em uma cadeia da cidade boliviana vizinha, Guayaramerín, acusado de assassinar um rapaz, seu amante. Recentemente, li no jornal que um político importante da Lituânia havia descoberto que um de seus cidadãos vivera em Rondônia, e que fora um verdadeiro herói. Dizia o jornal que um cineasta estava se preparando para filmar a sua vida. Imagino a surpresa que os lituanos vão ter ao chegarem ao Brasil.

Paletó conta que o convenceram a ir para Sagarana dizendo que precisavam dele para ensinar os demais a trabalhar. Conhecendo Paletó, imagino que estava por demais curioso para conhecer esse novo local, e, além disso, já viviam ali parentes de sua esposa To'o, pessoas do subgrupo OroMon. Dentre eles estava Toji, tio de To'o, irmão mais novo de seu pai, Jamain To'u, que havia morrido de doença no Barracão. Toji, como era comum, casara-se com uma das viúvas do irmão, irmã da mãe de To'o. Paletó estava indo viver entre seus afins, mas também entre aqueles que, em circunstâncias normais, chamaria de inimigos: brancos e índios de outras etnias, que o ensinaram a beber chicha de mandioca. A primeira filha de Paletó e To'o, Orowao Karaxu, nascida antes do contato, era ainda uma menina ao chegarem a Sagarana. Cresceu ali, virou mocinha e, mal tinham nascido seus seios, casou-se com Orowao Kun, já separado de Xatoji e viúvo da segunda esposa. Logo depois o casal voltou para o rio Negro.

Paletó viveu em Sagarana por muitos anos antes de voltar ao rio Negro. "Passei muito tempo lá, minha filha, muito tempo!" Abrão, hoje com cinquenta anos, nasceu em Sagarana, assim como a nossa irmã Main Tawi. Nossos três irmãos mais jovens, A'ain Tot, Davi e Ja nasceram já no rio Negro. Enquanto To'o amamentava Abrão, A'ain Kaxun, irmão de Paletó, aquele que flechou o braço de um branco no episódio do contato, ficou viúvo, e To'o adotou a sua filha, Niro, dando um peito para ela e outro para Abrão. Mais tarde, a irmã deles, Wem Xu, veio do rio Negro para pegar a sobrinha e levá-la consigo, o que causou enorme dor a To'o. Segundo Paletó, ela chorou por dias seguidos.

Conheci Niro no rio Negro, vivendo com seu pai, sua tia Wem Xu, o marido dela e os filhos do segundo casamento de A'ain Kaxun, que também acabou em viuvez. É uma moça forte, com cabelos curtos e franja, ao modo wari', e com covinhas que chamam atenção quando ri. Recentemente passamos juntas por um momento tenso e triste, quando fomos visitar o seu irmão mais novo, Nelson, na cadeia de Guajará-Mirim, onde ele estava preso havia alguns meses, acusado injustamente de estupro pelo pai cristão de uma moça wari' de outra aldeia. Toda a família havia se mudado para Guajará para ficar mais perto de Nelson, mesmo sem coragem para visitá-lo na cadeia. Minhas irmãs haviam me pedido para não contar nada sobre Nelson a Paletó, que naquele momento estava passando uns dias na cidade. Estava frágil e, segundo elas, não suportaria a notícia.

Combinei com meu amigo Gil, que volta e meia ia à cadeia como parte do trabalho de apoio realizado pela Igreja católica, de fazermos uma visita a Nelson, e passamos na casa da família para convidá-los a irem junto. O pai e a tia continuaram sem coragem de ver o rapaz em tal situação, mas Niro quis ir conosco. Chegamos ali, fomos revistados e mandaram buscar o Nelson, que apareceu algemado e de cabeça baixa, o que provocou uma crise de choro em Niro. Depois, sentaram-se lado a lado e puseram-se a conversar baixinho, ao estilo wari'. Alguns dias mais tarde, depois de percorrermos tribunais à cata de documentos com a ajuda de um amigo procurador do Ministério Público, ficou claro que a acusação não se sustentava e que os direitos de Nelson não haviam sido respeitados. Ele foi solto logo depois.

Foi por ouvir notícias de que Orowao Kun havia batido em sua filha que Paletó voltou pela primeira vez para a sua terra natal, acompanhado de seu filho pequeno, Abrão, então chamado Wem Xain. Paletó aproveitou uma carona de um trabalhador de Sagarana chamado Paulo até Guajará, de onde foi levado ao rio Negro no barco do missionário evangélico Abílio, que viveu ali muitos anos. Naquele momento, os Wari' já não viviam mais no Barracão Velho. O antigo SPI tinha sido extinto em 1967 e substituído pela Funai, que, em 1972, fundou uma nova sede, um pouco acima da confluência do rio Negro com o Pacaás Novos, onde se situa até hoje o posto Rio Negro-Ocaia. Paletó conta que, ao chegar, se impressionou com a pequenez das roças ali, mesmo as de milho, acostumado com as grandes roças de banana e mandioca que faziam em Sagarana, e se dando conta de que os Wari' não conheciam esses cultivos no rio Negro.

Seu genro, ao encontrá-lo, veio logo dizendo que era crente, que acreditava em Deus, ao que Paletó replicou: "Para que vocês acreditam em Deus? Vocês acreditam à toa. Se ao menos vissem Deus!". Royal, o missionário, foi ter com ele, falando fluentemente a sua língua, chamando-o de irmão e tratando, ao modo dos Wari', o menino Wem Xain como "nosso filho". Foi Royal quem lhe deu o novo nome, o nome do "nosso avô", disse Royal, aquele que há muito tempo atrás acreditava em Deus. Paletó no começou não gostou, mas, ao fim, Abrão ficou com o novo nome.

Esclarecida a questão com o seu genro, e de volta a Sagarana, Paletó juntou-se àqueles que estavam insatisfeitos com as condições de vida ali e que queriam se afastar para viver em localidades distantes da sede da missão. A ocasião chegou logo: um grande incêndio queimou o refeitório, e algumas famílias aproveitaram para fugir. Paletó, To'o, e os seus dois filhos estavam entre eles. Foram se instalar bem rio acima, em uma localidade que por muito tempo ficou conhecida como "roça do Paletó". Mais alguns anos se passaram até que ele voltasse definitivamente ao rio Negro.

Vejo agora uma passagem interessante do livro de um antropólogo que viveu em Sagarana entre 1969 e 1970, que deixa claro que Paletó era reconhecido pelos seus como um grande homem:

> O chefe de família mais poderoso em Sagarana era Paletó. A sua posição de influência era algo extraordinária, de acordo com todos os meus informantes, civilizados e índios. Ele era um homem de meia-idade, capaz e diligente enquanto caçador e agricultor. O seu conhecimento da mitologia tradicional e ritual era insuperável, mas era antes de tudo a sua reputação de poderes sobrenaturais a responsável pelo seu estatuto. Ele levou um grande número de homens mais jovens para a sua roça e iniciou duas ou três festas de chicha que aconteceram durante a minha estadia no campo. Todos os membros do seu grupo indicaram que foi ele quem "ordenou" a preparação da chicha [...]. Quando ele se mudou da sede da missão, o seu irmão e a família, e quatro homens jovens e suas famílias mudaram-se com ele.[*]

---

[*] VON GRAEVE, Bernard. *The Pacaa Nova. Clash of Cultures on the Brazilian Frontier*. Ontario: Broadview Press, 1989, p. 69. [tradução da autora]

19.
Virando crente

Quando Wem Xu foi buscar a sobrinha-bebê Niro em Sagarana, outras pessoas do rio Negro foram com ela, e disseram aos Wari' dali que haviam se tornado crentes. Falavam que Deus havia criado tudo, e que os observava. Paletó conta que os Wari' que haviam partido do rio Negro nos primórdios da catequese, quando ainda não entendiam sobre o que falava o missionário Royal, acharam aquela conversa dos visitantes muito estranha.

Ele contou que, ao entardecer, os Wari' visitantes chamavam aqueles de Sagarana: "Venham todos, venham ouvir a fala de Deus". E continuavam: "Não fumem, não trepem com outras mulheres, não roubem". Paletó, com raiva, retrucou: "Por que vocês são crentes à toa? Vão para as casas de vocês, suas mulheres ficaram lá! Esses que se dizem crentes devem estar lá trepando com as esposas de vocês". Eles cantavam: "Vamos seguir Jesus para o céu", e diziam para o pessoal de lá: "O padre que vive aqui com vocês acredita em pedra. Ele esculpe a pedra e diz que é o Deus de vocês. Os crentes verdadeiros não acreditam em pedra".

O que finalmente levou Paletó a se declarar crente foi, segundo ele, o medo do fim do mundo, mais especificamente o medo de ser abandonado pelos seus conterrâneos e parentes, muitos deles crentes desde o fim dos anos 1960, que, por isso, seguiriam para o céu. O que se passaria com os que ficassem na terra, segundo lhe dizia Royal, era digno de um filme de terror: "Se vocês não acreditarem, vão ficar na terra e a onça vai comê-los. Vai haver todo tipo de espírito de bicho. Um grilo enorme vai comer os Wari'. Um grilo enorme enviado do céu. Deus vai mandar para comer as pessoas que não acreditam". Paletó foi pescar com Abrão, ouviu um trovão e teve medo de que o mundo fosse acabar. "Tínhamos muito medo", disse Paletó. Muito mais que o encanto pelo céu, um lugar meio sem graça, onde todos são iguais, não fazem sexo nem festas, bebem água, comem pão e passam todo o tempo a escrever, é o medo do inferno que os move em direção a Deus. Longe do céu, iriam queimar para sempre, ficar com a pele cheia de feridas, e sentir muita sede, que não poderia ser saciada.

Ao voltar para casa depois dessa pescaria, Paletó disse à To'o, sua esposa, que queria ser crente. Ela, de início, não gostou da ideia, mas depois de um tempo decidiu acompanhar o marido e foram ambos à casa do pastor comunicar a decisão. No dia do culto, comunicaram-na a todos, e algum tempo depois foram batizados, com um mergulho na água do rio Negro. Segundo Paletó, o batismo de To'o não correu tão bem: o fato de, tempos depois, ela ter feito sexo com um outro homem, provou que, como desconfiavam, a imersão na água tinha sido insuficiente, pois na ocasião viram que os cabelos do topo de sua cabeça continuaram secos.

Alguns anos mais tarde, já no início da década de 1980, logo antes de eu conhecê-lo, Paletó, por ter se envolvido em brigas de borduna, largou Deus, como costumam dizer. O mesmo aconteceu com boa parte dos Wari' nos primeiros anos dessa década. Voltou a ser crente já mais velho, em 2001: "Voltei para Deus. Atualmente, acredito direito. Sou velho. Velhos não vivem muito". "Seja crente para que o seu duplo fique bem. A sua mulher também, disseram para mim." Entretanto, de acordo com algumas pessoas que também voltaram a ser crentes em 2001, isso aconteceu quando assistiram, na televisão comunitária, ao ataque dos aviões ao World Trade Center, e entenderam, por meio das exegeses dos pastores, que uma guerra mundial iria acontecer, sinal da proximidade do fim do mundo.

Nesse intervalo, havia acontecido um breve momento de revivalismo coletivo, mas que não envolveu Paletó e os habitantes do rio Negro. Foi em 1994, quando um leve tremor de terra atingiu a região do posto Ribeirão e levou os habitantes dali, que viviam uma fase pagã como os demais Wari', a reconverterem-se de imediato. Quando cheguei àquela região, cerca de seis meses depois do ocorrido, ouvi diversos relatos sobre o tremor e sobre a reação das pessoas. De acordo com uma mulher habitante do posto Lage, cerca de uma hora de distância de carro do Ribeirão, a terra tremeu ali também, no entardecer, e as panelas caíram das prateleiras. Algumas pessoas, assustadas, correram à casa da missionária Teresa, que contou a eles sobre o fim do mundo e o retorno de Jesus. No rio Negro, Paletó e minha irmã Orowao Karaxu ofereceram-me uma versão rica em detalhes: as pessoas do Ribeirão haviam se tornado novamente crentes por causa do terremoto, quando uma nuvem se abriu e dela saiu fogo, e então a água começou a sair do chão (como no mito do dilúvio dos Wari'). À medida que a água subia, eles saíam das casas e gritavam, pedindo a Jesus que esperasse para que eles se tornassem crentes.

Quando cheguei ao rio Negro em janeiro de 2002, diversas pessoas pediram-me notícias da tal guerra mundial, e perguntaram-me diretamente se os talibãs já haviam chegado ao Rio de Janeiro. Não havia mais missionários morando no rio Negro, e, sem saber que haviam se tornado cristãos, eu não entendia bem o que se passava e nem me dava conta dos cultos noturnos quase diários na igreja local, cuja sede era, naquele tempo, uma casa de paxiúba e telhado de palha, que ficava afastada da escola onde estava hospedada com meus filhos. Lá, recebia a visita de Paletó quase todos os dias, mas a certa hora ele ia embora, com explicações evasivas, sem aceitar o meu convite para jantarmos, o que me surpreendia, pois mantinha a sua decisão mesmo quando eu lhe oferecia o seu prato predileto: macarrão à bolonhesa. Foi então que descobri que ele não queria que eu soubesse que estava frequentando a igreja, pois temia a minha reprovação. Ciente do que se passava, comecei a acompanhar esses cultos e a conversar muito com os Wari' sobre Deus, que chamavam de "o verdadeiramente invisível", sobre Jesus, seu filho, e sobre o Espírito Santo, o "duplo" de Deus.

Ao frequentar os cultos fiz a alegria de Paletó, preocupado com a minha salvação e consequente ida para o céu, que o pouparia de, já no céu, ter de recusar os meus pedidos de água vindos do inferno. Embora eu sempre explicasse que estava ali por curiosidade sobre a vida deles e não por ter me tornado crente, ele abria um grande sorriso quando me via entrar na igreja, orgulhoso como ficam os pais crentes quando os seus filhos resolvem "seguir Deus". Desse modo, a insegurança inicial de Paletó sobre a minha opinião não durou muito, e tenho uma foto ao seu lado em que ele veste uma camiseta rosa com os seguintes dizeres bordados à frente: Jesus nosso caminho. Na cabeça, o chapéu de lã quadriculado em preto e branco que o meu pai daqui havia enviado para ele. Ele está sério, e eu, sorridente, com uma camisa cor de abóbora e uma bolsa de lã peruana atravessada a tiracolo, onde sempre levava o meu pequeno caderno de anotações, caneta, repelente de mosquitos e uma lanterninha.

Nesses cultos, regidos pelos pastores wari', totalmente em sua língua, eles cantavam, e ainda cantam, hinos cristãos traduzidos do inglês e do português para o wari' pelos missionários e seus auxiliares indígenas, oram em admiração ao trabalho divino da criação, pedem a Deus proteção e estudam os livros bíblicos já traduzidos. Esses cultos são tão compridos, especialmente no domingo de manhã, que algumas pessoas, principalmente as mais velhas, chegam a dormir e são acordadas pelos diáconos, que rondam pela igreja visando a observação de boas maneiras. Quando André era pequeno, pedi certa vez ao Francisco, então com onze anos, que fosse comigo ao culto para me ajudar a tomar conta do irmão. Acostumados às boas brincadeiras com as crianças wari', que corriam com seus arcos simulando guerras aos inimigos, no caso do André, ou o desafiavam a jogar xadrez, no caso do Francisco, os meninos ficaram muito entediados, e Francisco, ao final, decretou: "Eu faço qualquer coisa que você pedir, mas não venho mais à igreja". Isso não o impediu de aprender, com os amigos e amigas de sua idade, alguns hinos cristãos em sua versão brasileira, especialmente um que falava repetidamente de uma ovelhinha desgarrada do rebanho, que fazia "mé mé".

Embora seja totalmente contrária ao trabalho de conversão religiosa, sempre fui respeitosa em relação à escolha dos Wari'. Isso não me impedia, entretanto, de explicitar as minhas razões para não ser crente, mesmo causando consternação a Paletó. De todo modo, por mais que explicasse, o fato de eu frequentar a igreja era um claro sinal na direção oposta, ou seja, de que estava sim me tornando crente, especialmente considerando o fato de que as ações são, para eles, muito mais importantes do que as palavras. E eu estava na igreja.

Mas sabiam que eu tinha outros interesses também. Certa vez, já em 2014, um homem bem idoso chamado Oro Iram estava visitando o rio Negro, na casa de sua neta, minha amiga Topa'. O pastor Awo Kamip, ao fim de um culto, disse-me para ir conversar com esse homem, pois ele havia sonhado com animais em sua forma humana, assunto de meu interesse. Por mais que tenham sido catequizados por missionários fundamentalistas, que insistem em uma visão de mundo única, aquela expressa literalmente pelas palavras da *Bíblia*, os Wari' parecem ter sido naturalmente moldados à aceitação da multiplicidade de visões. São radicalmente não dogmáticos.

Beto, meu ex-marido, lembrou-me recentemente de um episódio ocorrido no Rio de Janeiro em 1993. Ele havia levado Abrão e Paletó ao aeroporto Santos Dumont para verem os aviões decolando e pousando. Paletó viu primeiro um pequeno avião e observou que ele havia voado somente porque era pequeno, dizendo duvidar de que os maiores fizessem o mesmo. Esperaram então que um grande levantasse voo e, diante do olhar de Beto, como quem diz "tá vendo?", ele disse: "Esse foi!", deixando subentendido que não tomava antecipadamente essa capacidade válida para qualquer outro avião.

Em alguns cultos há confissões, nas quais a pessoa vai à frente da igreja e diz simplesmente: "caí com o diabo". No passado, contou-me Paletó, a confissão, também pública, detalhava o pecado, o que, pelo fato de muitas vezes envolver adultério, provocava inúmeras brigas. Há também os testemunhos dos novos crentes, que vão em grupo à frente da igreja para dizer que resolveram seguir Deus. Os presentes então perguntam: "De verdade?". E sendo a resposta positiva suficientemente enfática, vão na direção desse grupo de pessoas ali paradas, de frente para todos, para sacudir-lhes as mãos, no estilo brasileiro. Uma vez por mês acontece a Santa Ceia, onde se come pedaços de pão feito por mulheres, ali chamados de pamonha, e bebe-se suco de uva trazido da cidade, em pequenos copinhos. Nem todos podem comer e beber, somente os que confessaram publicamente, ou privadamente para um dos pastores.

Foi em 2005 que eu soube que Paletó havia aprendido a "ver o papel", modo como os Wari' falam do aprendizado da leitura. Estávamos na casa dele, que na ocasião era na Linha 26, e Ja, minha irmã mais nova, me deu a notícia. Fiquei muito curiosa e pedi a Paletó que lesse para mim algo de sua escolha de um dos "livros de lições" cristão — livretos produzidos pelos missionários com a ajuda de tradutores wari'. Paletó então abriu uma página e começou a falar o texto, percorrendo a linha com os dedos, ao modo dos pastores na igreja. Notei que havia diferenças nas palavras, mas que o conteúdo do que ele falava era o mesmo do papel. Entendi rapidamente que Paletó havia memorizado o texto, e, para ele, assim como para a sua filha Ja, que havia frequentado a escola e era alfabetizada, a diferença entre saber o que estava escrito no papel e ler não tinha a menor importância. Paletó estava vendo o papel, e isso era o que importava; saber ou não as palavras exatas não constituía uma questão para os Wari'. Mais velho, Paletó disse ter ficado incapacitado de ler por não enxergar bem, por ter os olhos cansados, e o mesmo acontece com várias outras pessoas mais velhas. Ler é uma capacidade do corpo, dos olhos, e não da mente ou do cérebro.

20.
Uma rodoviária, dois aeroportos e uma coxa de titânio

Para mim, a relação pai-filha entre mim e Paletó foi construída de fato em nossas viagens juntos, especialmente em suas viagens ao Rio de Janeiro, em 1992, 2009 e 2012. O mesmo aconteceu com a minha relação de irmã com Abrão, que acompanhou nosso pai nas três viagens dele para a minha casa, além de vir uma vez sozinho, quando estava doente em 2008.

Lembro-me exatamente da cena da chegada deles em cada uma das vezes. A primeira foi na rodoviária do Rio, acompanhados de Evanir, uma professora do rio Negro que estava indo visitar a família no Sul e fez a gentileza de acompanhá-los até o Rio. Fazia pouco tempo que os vira, pois havia estado no rio Negro com Francisco poucos meses antes. Aguardando a chegada, passei os dias anteriores em preparativos para recebê-los, arrumando o que seria o seu *tapit*, ou cama, em um sofá-cama que ficava na varanda de minha casa de Laranjeiras, ao lado de uma parede-janela ampla de vidro, que permitia a vista da rua General Glicério e das montanhas circundantes. Logo descobri que o que eu entendia ser uma bela vista os amedrontou. Ficar nas alturas (eu morava no quarto andar) era assustador para eles, e nos primeiros dias tinham medo de que o vento quebrasse o meu prédio.

Preparei chicha com o milho que comprei na feira: ralei, bati no liquidificador com água, adocei e deixei pronta para oferecer a eles assim que entrássemos pela porta, como fazem os Wari' ao receber seus parentes em casa. Nesse quente dia de dezembro, pela manhã, saí com meu Fiat Uno azul-marinho de casa na direção da rodoviária. Beto e Francisco, então com dois anos, ficaram em casa nos esperando. Escrevi depois em meu caderno:

> Às 10 horas fui pegá-los na rodoviária. Paletó parado, ao lado de Abrão e Evanir, na porta da frente, carregava uma bolsa boliviana colorida à tiracolo. Falei primeiro com Evanir que estava na frente. Quando fui falar com Paletó ele me abraçou; depois apontou o filho, como se para eu não me esquecer de abraçá-lo também. Todos no Fiat, seguimos pra minha casa. Aponto os prédios e falo pra Paletó que os brancos moram uns sobre os outros, até o alto. Ele responde dizendo que são provavelmente descendentes dos OroTaoPa, um povo mítico.

Na segunda vez, em agosto de 2009, eles chegaram no aeroporto do Galeão, e Paletó usava uma máscara de hospital, que eu havia pedido ao telefone para que dessem a ele e a Abrão, porque estávamos em meio a um surto de gripe suína, e tive medo da contaminação no avião. Ele tirou a máscara para falar comigo, e riu da minha preocupação. Havíamos nos encontrado no rio Negro em janeiro de 2008, de modo que não vi diferença neles. Era a primeira vez que Paletó andava de avião, embora tenha entrado em um quando estava estacionado, na primeira viagem ao Rio. Eu estava curiosa para saber o que tinha achado, se tivera medo. Ele disse apenas que ia fazer uma casa para si dentro do avião, a mesma observação que fez ao entrar no bondinho do Pão de Açúcar e em um vagão de metrô, dezessete anos antes.

Na terceira vez, em dezembro de 2012, fazia três anos que não os via, pois passei todo esse tempo sem visitar o rio Negro. Nesse meio-tempo, havia tentado que viessem me visitar várias vezes, e em uma delas cheguei a comprar a passagem, mas, por diferentes motivos, eles desistiram. Dessa vez chegaram no aeroporto Santos Dumont. Preocupada por não os ver sair do local onde se pegava as bagagens, implorei ao fiscal para me deixar olhar lá dentro. Ao ver Paletó, assustei-me com o seu aspecto envelhecido. Sua mão tremia, e ele estava mais magro e encurvado. No momento, lembro-me de ter pensado na grande responsabilidade que havia assumido pedindo-lhe para viajar para tão longe. Mas logo relaxei, pois Paletó chegou fazendo piada de tudo o que via, com muito bom humor, e andava bem, mesmo que devagar. Ao final, a temporada aqui serviu para ele como uma espécie de spa: Paletó comeu muito bem, engordou, dormiu muito e foi examinado por um médico, que o medicou para o Parkinson. Desde então procurei assegurar que ele sempre recebesse os remédios na aldeia, enviados pela farmácia da Funasa.

Houve ainda uma vez em que Abrão veio aqui sozinho, em 2008. Eu tinha ido ao rio Negro em janeiro daquele ano e, ao chegar, encontrei Abrão de muletas, sem movimento em uma das pernas. Ao me ver, ele começou a chorar, e contou sobre o acidente de barco, em que um motor feriu a sua perna. Convivi pouco com ele naquele mês, pois me dediquei a fazer expedições às aldeias tradicionais dos Wari', permanecendo a maior parte do tempo viajando. No dia de minha partida, no início de fevereiro, quando passei em sua casa para me despedir, Abrão saiu de seu silêncio e foi espantosamente direto em vista do modo sempre enviesado dos Wari' pedirem alguma coisa: "Ou você me leva com você ou vou morrer aqui!". Seguimos juntos para Guajará-Mirim, para Porto Velho e depois para o Rio de Janeiro, onde começamos uma peregrinação por hospitais para tentar uma cirurgia. Não foi uma viagem de passeio como as outras, pois Abrão, com muita dificuldade em se locomover, era uma tristeza só. Às vezes precisava deixá-lo em casa, e quando voltava encontrava-o sentado em minha sala de estar, com a televisão desligada, em silêncio. Depois de um mês, finalmente encontramos uma solução. Mencionei por acaso o meu problema a um colega de universidade, e ele tinha um aluno médico de um hospital ortopédico especializado, que, para a nossa sorte, fazia cirurgias ortopédicas itinerantes, sendo a cidade de Porto Velho uma das localidades em que atendia. A cirurgia de Abrão foi agendada para agosto daquele mesmo ano, uma prótese de titânio foi colocada em sua coxa e ele agora anda normalmente. O único incômodo acontece ao passar em detectores de metais: quando voltou ao Rio com Paletó no ano seguinte, quase fui expulsa do Santos Dumont por tentar entrar na área de embarque para explicar por que Abrão apitava ao passar pelo detector.

21.
Onde a água se encontra com as nuvens e os homens-peixe

As minhas marcas de memória daquele dezembro de 1992 trazem o Francisco muito pequeno, dançando ao som da gaitinha que Paletó tocava para ele, a casa de Laranjeiras com a sua bela vista, e o calor do fim de ano no Rio, que não era, entretanto, nem de perto, o calor dos dias de hoje. Sobre a cama deles, ao lado da janela, em uma espécie de varanda fechada que era um prolongamento da sala, havia um ventilador de teto.

Paletó e Abrão jamais tinham ido além da pequena cidade de Guajará-Mirim, onde não havia prédios, elevadores ou túneis. Entretanto, todas essas coisas estranhas não pareciam surpreender Paletó, pois imediatamente as relacionava aos tempos e personagens míticos. Diante dos prédios muito altos, Paletó concluiu: "A castanheira não é alta!". Ao ver uma escavadeira em ação, sem notar o condutor, comentou que os brancos haviam sido sábios em não rir dos objetos que agiam por conta própria, pois quando os Wari' o fizeram eles pararam de se mover, e todo o trabalho tem que ser feito hoje pelas pessoas. Expliquei a ele que havia lá dentro um condutor, mas ele não pareceu ter achado a informação relevante, pois, na viagem de 2012, quando viu de dentro do carro o portão automático da garagem de meu prédio se abrir, sem notar o controle remoto em minha mão, perguntou-me se o portão tinha "coração", ou seja, pensamento, consciência.

Mostrou a mesma falta de espanto quando os levei ao shopping RioSul, um dia após a sua chegada. Imaginei que iriam se impressionar com a construção, os muitos andares, as luzes, e que talvez se sentissem desconfortáveis. Mas eles adoraram ver tudo e saber que haviam outros níveis sob nós. Quando, do terceiro andar, avistamos o segundo, Paletó aproximou-se cautelosamente da sacada, e eu, supondo que ele estaria achando aquilo muito estranho, comentei: "Os brancos são doidos". Ele revidou rapidamente: "É bom! Os brancos sabem muito".

No relato gravado que fez dessa viagem a meu pedido, ainda no Rio, dirigido ora a mim, ora aos seus conterrâneos (que ouviriam a fita cassete), as lembranças eram diferentes das minhas, de um modo interessante. Eu pensava nos episódios em termos de eventos sequenciais, e Paletó os relatava com foco nas pessoas que estavam presentes em cada uma das cenas, e na comida. Em todas as cenas narradas, ele tinha antes que especificar as pessoas presentes. Perguntava ao Abrão: "Evanir já havia ido embora? Francisco estava junto?".

A sua narrativa começa com a viagem de ônibus, de três dias de duração, de Guajará-Mirim para Porto Velho, e de Porto Velho para o Rio, com troca de ônibus em Goiânia (o ônibus antigo seguiu para São Luiz, terra do Josélio, funcionário da Funai, notou Paletó) e várias paradas pelo caminho:

> Tomamos café. Meio dia, passamos por um cemitério, descemos, tomamos banho, tomamos café, comemos pão. Eu não pensava [no sentido de saudades de casa] mais, o meu pensar desapareceu; sentava-me somente. Via todas as cidades. Saltamos novamente. Subimos de novo. Fez noite e depois o dia nasceu para nós. Vimos todas as grandes plantações dos brancos, milho, feijão, abacaxi, arroz. Nós não sabemos plantar [ele concluiu]. Os brancos fazem grandes plantações. Onde está o fim [da plantação], onde está o fim, onde está o fim? Muito longe. Vocês vão dizer: "Não é verdade o que você fala!". Mas o fim ficava longe mesmo, tão longe que nos esquecíamos das pessoas [dos Wari']. Fomos, fomos, chegou a noite e dormimos. Chegamos em uma pequena cidade e descemos, tomamos café, comemos pão.

Além das grandes plantações, também impressionaram Paletó os longos trechos desertos, desmatados, mas sem casas, sem pessoas. E teve uma dimensão de distância que antes desconhecia:

> Caminho, caminho, sem nenhuma cidade, sem brancos. Muito longe. Muito longe. Eu falava à toa aqui. Nós pensamos à toa. Wari' de Tanajura mora ali, Wari' do Mamoré mora ali, dizia o nosso coração. Quando vamos realmente para longe, não sabemos mais por onde vamos. Nós [os Wari' como um todo] não sabemos o que é ser longe.

Ele fala da chegada ao Rio:

De manhã, ainda sem sol, vimos as bordas do Rio. Achamos que a Evanir ia nos deixar no caminho e seguir o caminho dela. Entramos então no meio das muitas casas dos brancos. Entramos, entramos. Chegamos e saltamos. Subimos no chão estranho que desenrolava [escada rolante] e fiquei com medo do meu pé entrar lá. Evanir me segurou; eu não conseguia ficar parado direito. Evanir disse: "Ela vai chegar, ela gosta muito de vocês". E eu disse: "De onde ela vem?". Era como se você fosse caça para mim, eu perguntando: "Por onde está vindo? Cadê? Cadê?". Procurava no meio do monte de brancos. Procurei. E então a vi: parecia Wari'. Você chegou. "Vamos entrar no buraco [túnel], pai", ela me disse. Parecia que eu ia morrer [no túnel]. Meu corpo esfriou. Eu não conseguia respirar: "Vou morrer, vou morrer!". Não sei quem é a pessoa que cava esses buracos.

Depois de estacionarmos na garagem de meu prédio, mais um buraco, entramos no elevador, que Paletó pensou ser um quartinho e se assustou quando ele se mexeu subindo, especialmente com o tranco da chegada: "Parecia que tinha quebrado, partido, parecia que ia despencar". Mas, no dia seguinte, já gostava demais do elevador e sempre subia por ele, mesmo que Abrão, receoso, às vezes preferisse a escada. Os estranhamentos eram muitos nesse primeiro dia. Quando lhe mostrei o banheiro, Paletó olhou para os lados e para cima, e me perguntou onde estavam as folhas. Mostrei-lhe o rolo de papel higiênico, e o convenci a tomar aquilo por folhas.

Fui à cozinha e coloquei a chicha em três copos, que, orgulhosa, servi dizendo as palavras certas para esse momento: "Aqui está a tua chicha, meu pai!". Eles dois beberam de uma só vez, ao modo wari'. Fiquei surpresa de que esse momento da chicha, que, imaginei, ia chamar a atenção deles ou fazê-los rir, tenha passado em branco nas narrativas. Ele nem mesmo se lembrava da chicha que eu fiz, talvez justamente por achar isso comum, natural demais para merecer ser narrado aos outros.

Nesse mesmo dia, levei-os à praia, para que pudessem ver o mar pela primeira vez. Na areia, ficaram olhando atônitos o mar. Paletó provou a água para ver se era salgada (*wita*, que é a mesma palavra para "doce"). Provou também a areia molhada e depois a seca. Botava um pouquinho na boca e depois cuspia. Surpreendeu-se com o sabor. Não quis entrar na água, argumentando que não estava com calor. Abrão entrou e nadou tranquilamente, mergulhando nas ondas. Paletó observou: "Esse menino danado não tem medo da água". Evanir me disse depois que Abrão comentou com ela que estava sendo o primeiro Wari' a entrar no mar. À noite, ao falarem ao telefone com Orowao Kun, genro de Paletó, e João, um rapaz wari', que estavam na Casa do Índio em Guajará, Abrão disse ser verdade o que eu dissera para eles, que a água é salgada mesmo e que a gente não vê o fim.

A narrativa de Paletó desse momento tem um sabor especial:

> Logo saímos de novo. Vamos ver a areia! Abrão logo foi para a água. Era uma água muito brava. O Mamoré é muito pequeno. O pessoal acha que vai afundar. Ah! [debochando dos que têm medo de navegar no Mamoré] É um igarapé. Ali é que é água grande. Parece que a água se mistura com as nuvens, não se vê onde deságua, não se vê o fim. Ficamos com vergonha das mulheres sem roupa. Dava para ver os pelos [pubianos] delas. A roupa entrava no cu. Elas não tinham vergonha. Cobriam só os peitos. Da vagina, dava para ver as beiradas.

A falta de roupas das mulheres na praia chamou a atenção de Paletó em todas as vezes que esteve aqui, o que é inusitado, já que homens e mulheres andavam nus entre eles, embora sempre procurassem proteger a sua nudez do olhar dos brancos, incluindo o meu. Paletó explica a razão: "Se eu já tivesse visto vagina de mulher [branca]!".

Fomos muitas outras vezes à praia, e me lembro de um dia vermos um vendedor com uma tiara na cabeça que imitava uma faca atravessada no meio da têmpora. Paletó ficou pasmo com o fato de o homem mesmo assim conseguir andar, falar e rir, e tivemos que comprar uma tiara dessas para ele. Em outro dia, de tardezinha, deixei a ele e Abrão sentados na praia, já bem vazia, por uma meia hora, enquanto ia ao banco. Quando voltei, não os encontrei. Fiquei completamente desesperada, perguntando a todos os que estavam ali se haviam visto dois "índios". Alguns disseram sim, outros não, mas nada deles. Até que depois apareceram sorridentes, exatamente no lugar onde os havia deixado, dizendo que tinham ido passear um pouco.

Foi ao conhecer a praia que Paletó compreendeu por que éramos brancos: o mar comia a nossa pele. Lembrei-o então das pessoas negras que também viviam aqui: "Sei lá!", respondeu, sem achar, contudo, que isso invalidava a sua associação. Provavelmente nós encontraríamos uma explicação adicional para a pele negra.

O senso de direção dos Wari' sempre me surpreendeu, e mais ainda na cidade, onde achei que ficariam desorientados. Assim que chegamos à minha casa, foram à janela e examinaram longamente a paisagem, marcando pontos mais altos como referência. Certo dia, ao chamar por Abrão em casa, fui descobrir que ele havia saído sozinho para andar, voltando em algumas horas com facilidade. Nas ruas movimentadas, entretanto, eles não se descolavam de mim, andando grudados às minhas costas, como se estivessem em uma trilha na floresta, mesmo que eu insistisse para irmos lado a lado. Imaginei que essas ruas superlotadas os incomodassem, e certa tarde, quando estávamos na avenida Nossa Senhora de Copacabana, decidi desviar por ruas transversais menos cheias, certa de que seria um alívio para eles. Em alguns minutos, Paletó me perguntou por que não voltávamos para lá, onde os brancos eram tantos que o cheiro das pessoas, tão coladas, encostando-se nele, ficava na pele:

Parecem peixe *koka* que bate em nossas pernas quando estamos pescando por tapagem [quando os peixes são encurralados em um trecho do rio esvaziado de água por meio de uma barreira]. Não dá para pegar. Os queixadas são muitos, mas os brancos são muito mais.

Tive muitas surpresas nesse mesmo sentido. No meio de nossa estadia, conseguimos emprestada a casa de amigos em um lugar nas montanhas a caminho de Friburgo, chamado Sibéria, rodeada de florestas, sem luz elétrica ou água corrente. Fomos eu, Beto, Francisco, Abrão e Paletó. A nossa intenção era passar ali pelo menos três dias, retornando ao Rio na segunda-feira à noite, para que eles pudessem descansar da cidade, dos barulhos, da luz, numa espécie de retorno à floresta. Voltamos no domingo, ao compreendermos o sofrimento deles com o frio e com a saudade que revelaram sentir da cidade. Assim que chegamos lá, Paletó me perguntou: "Cadê a multidão, os carros?". Em sua narrativa gravada, descreveu a viagem:

Fomos bem longe. Atravessamos ponte em água muito grande. Subimos. Eram muitos brancos, muitos brancos, até que não havia mais brancos, só caminho. Subimos, o caminho era ruim, a pedra muito inclinada. O carro andava à toa. Fomos eu, Aparecida e o menino Francisco. Beto e Abrão foram andando. Chegamos num pequeno córrego e o carro não conseguia passar. Um homem teve pena de nós e nos ajudou, nos empurrou. Subimos. Chegamos. Beto e Abrão chegaram. Aí chegou o frio de verdade. Sentimos muito frio. "Vamos tomar banho!" Não dava para tomar banho. Muito fria [a água]. Vocês também não tomariam com essa água fria dessa outra terra. "Vamos fazer fogo [no fogão a lenha]!" Deram cobertas para nós. No dia seguinte: "Vamos cortar lenha para assar o peixe". Peguei o machado de branco, cortei, mas cortei a minha perna. Bati em mim mesmo! Minha cabeça doía. "Estou com muito frio!", eu disse. "Não vamos esperar segunda-feira, vamos embora!", disse Beto. "Se vocês não tivessem tanto frio!" Fomos ver os peixes [na volta, paramos numa criação de trutas]. Queríamos ver os peixes que os brancos criavam. Não eram poucos. Muitos peixes. Tem imagem [foto] ali. Muitos lugares com peixes, dos pequenos, dos grandes. Tinha uns pequenos, como piaba. Eram como galinha os peixes criados pelos brancos. Fizemos fotos. Coletamos um peixe com uma coisa estranha de coletar [puçá]. Vimos uma onça estranha [gato siamês] que parecia um macaco-prego.

Ao final: "Subimos na pedra, descemos [a serra, pela estrada] e então havia sol. Nosso coração se alegrou. Muito ruim aquele mato de lá".

Se gostavam da cidade, e da grande quantidade de pessoas que ali viviam, jamais deixavam de se surpreender com isso, e Paletó muitas vezes me perguntou por que eu não cumprimentava as pessoas que cruzavam comigo pela rua. Ficava atônito quando eu dizia que não conhecia essas pessoas. "Como pode isso?", perguntava. "Como se pode morar em um mesmo lugar sem se conhecer?" Alguns anos depois, ao relembrar isso, ele concluiu: "Somos parentes entre nós. Não somos como você que só é parente do teu irmão mais novo, Dudu, do teu pai, da tua mãe. Vocês gostam uns dos outros à toa. Por que vocês também não se fazem parentes?". Para os seus conterrâneos, ele disse: "Ali tem tanta gente, que não somos mais Wari'. Somos como brancos. Nos perdemos. Os brancos olham para nós, olham para a nossa Aparecida. Ela não tem vergonha de falar em wari'. Olham para a minha orelha [furada] e reconhecem que sou Wari'". Em outros momentos, tinha o cuidado de classificar todos os brancos da cidade como Wari', reconhecendo a sua humanidade, e não como *wijam*, inimigos, como sempre havia feito. Era também um modo de se colocar em segurança em um meio estranho. Um dia, ainda no Rio, ele comentou: "Os Wari' falavam que iam matar os brancos, mas eles não têm ideia de como tem muitos brancos. Se matassem, os brancos matariam eles todos".

Fabulava todo o tempo sobre as razões de sermos tantos, até que um dia, ao passearmos nas Paineiras, na Floresta da Tijuca, viu muitas pessoas correndo, sendo que muitas delas eram mulheres acompanhadas de seus cachorros. "Finalmente compreendi", disse-me ele com ironia, "vocês fazem sexo com esses bichos e por isso se reproduzem tão rápido; trepam com cachorros chupando os órgãos genitais, pênis e vagina deles e aí têm filhos cachorros". Em outra ocasião, viu um homem idoso carregando um gato e disse: "Eles trepam com gato. Por isso tem tanto branco. São filhos de onça. Por isso voam", referindo-se aos homens que pulavam das alturas amarrados com cordas, que ele havia visto na TV. Brincando, fabulava sobre tudo o que o impactava muito.

Noto que, naqueles idos de 1993, quando narrava a viagem para os seus, Paletó se referia a mim como Aparecida, ou "nossa Aparecida", e não como filha, ou nossa filha, ao modo wari', como passou a me chamar ao longo do resto de sua vida. Nos últimos tempos, ele raramente pronunciava meu nome, chamando-me sempre "filha", ou, quando estava na companhia de seus outros filhos, chamando-nos a todos de "crianças": "Venham já aqui me ajudar, crianças!". Parece mesmo que o nosso parentesco foi sendo construído devagar, com a convivência, a partilha de lembranças e, sobretudo, de comida. "Comíamos muito, muito", disse Paletó aos que o escutariam.

Imagino o que deve ter sido para eles essa visão de fartura de comida que se repete um dia após o outro. Quando, na aldeia, a comida podia ser farta por um dia ou dois, mas logo depois acabava, pois naquele tempo não podia ser conservada. Assim, comia-se quanto se podia daquilo que se tinha no momento, como que produzindo uma reserva para os dias de falta. No Rio, saíamos para o supermercado juntos e comprávamos carne e frango, dizendo entre nós que havíamos ido caçar. Tudo o que colocávamos na mesa acabava naquele momento mesmo, o que me deixava contente por estar propiciando a eles uma comida de seu agrado.

Só mais tarde, ao acompanhá-los à festa de aniversário de um amigo, fui compreender que havia mais em jogo nesse "raspar o prato" do que fome ou reação atávica à insegurança alimentar. Era uma festa chique em um amplo apartamento em Ipanema, e comprei roupas novas para Paletó e Abrão, que vestiram calça, camisa social, sapatos e, a seu pedido, colocaram perfume. Foram o sucesso da festa, com pessoas perguntando a eles as mais bizarras coisas sobre a vida de "índios".

Meu amigo aniversariante gentilmente ofereceu um copo de coca-cola a Paletó, que o verteu de uma só vez. Meu amigo sorriu, satisfeito como eu de estar agradando a ele, e foi logo buscar outro copo, que novamente foi vertido de uma só vez. Ao verter um terceiro copo, Paletó começou a arrotar e percebi que ele iria vomitar se continuasse a beber. Perguntei-lhe se gostaria de parar, e ele me perguntou de volta: "Pode?". Entendi então que Paletó estava tomando a coca-cola como se bebe chicha em uma festa wari', que é oferecida pelos anfitriões aos convidados em grandes cuias, e tem que ser bebida de uma só vez. Para que se suporte as muitas cuias, o convidado tem que vomitar de quando em vez, e era isso que Paletó estava se preparando para fazer, em respeito às boas maneiras das festas e à boa relação com o seu anfitrião. O que é oferecido não pode ser recusado.

Em parte por esse persistente equívoco, em parte, espero, por prazer, Paletó e Abrão engordaram tanto nesses dois meses que passaram no Rio que tive que comprar roupas novas para eles, pois as que compramos para a viagem de vinda já não fechavam. Entretanto, quando, já nos primeiros dias, Evanir comentou que eles iriam engordar, Paletó respondeu imediatamente: "Vou engordar quando voltar para o rio Negro", sinalizando claramente quem eram os seus parentes de verdade. A partir das outras viagens, entretanto, passou a reconhecer diante de seus parentes wari' que na minha casa ele comia muito e engordava e, brincando, os ameaçava dizendo que se não o tratassem bem lá ele viria morar comigo e morreria aqui, de modo que somente dois de seus netos o chorariam: Francisco e André.

22.
Os animais que são gente, a grande pedra e os ossos dos mortos

Em sua narrativa sobre a viagem de 1992-1993, Paletó lembrou-se do dia em que fomos ao zoológico:

> O dia chegou para nós. Vamos ver coisas! Entramos em outro buraco, muito grande [o túnel Rebouças]. Não sei quem é a pessoa que cava esses buracos. Buraco grande. Saímos. Vamos aos animais. Beto pagou [a entrada]. Vimos onça, urso, camelo [Abrão, ao lado, o ajudava lembrando-lhe os nomes dos animais], animais estranhos, onça estranha [tigre], macaco-aranha estranho [chimpanzé]. Parecia Wari', gente de verdade, comia sentado. Aquele animal estranho que vai para o alto, girafa. Animal alto, alto, não dá para chegar na cabeça dele. Comia folha lá no alto. Uma ave estranha [ema]. Grande, grande. Mais alta que Wari'. Não tem pelos. Só tem um pouquinho, não tem na barriga. Pássaro muito grande. Havia bichos que reconhecíamos e outros que não. Vimos o veado verdadeiro, o nosso veado. Cotia, a nossa cotia. Macaco-aranha, mas não era igual ao nosso. Fomos ver os animais estranhos, uma casa de morcegos.

Lembro-me bem dessa visita. Francisco era muito pequeno e volta e meia se cansava e precisava ser carregado em um porta-bebê em forma de mochila, de lona azul-turquesa, que levávamos às costas para isso. Mostrava-se igualmente fascinado com o zoológico, mas não era a sua primeira vez. Na época, em 1992, os Wari' não tinham televisão e nenhum acesso a fotos ou imagens de animais de outras regiões, a não ser em alguns livros escolares que mostravam ursos e tigres para ilustrar letras do alfabeto. Espantavam-se não só com a estranheza dos animais como com a existência de um parque com animais exibidos em jaulas. Paletó ficou perplexo com o fato de prendermos os animais ali sem finalidade, já que expliquei a ele que não seriam comidos. "Então por que pegaram?" Perguntou-me se o hipopótamo era anta, chamou-o de "espírito da água" e, assim como Abrão, ficou impressionado ao vê-lo fazendo cocô e batendo com a bunda suja na parede. Abrão, disse-me Paletó, estava com medo de dormir e sonhar com essa cena.

O que me impressionou particularmente foi a reação dos Wari' ao casal de chimpanzés. Jamais haviam visto macacos grandes assim, e o casal portava-se de maneira muito humana, com a fêmea catando piolhos no marido, que volta e meia saía, catava palhas e as colocava na parte coberta da jaula, preparando algo que parecia ser a cama do casal. Paletó me perguntou: "É gente [wari']? Eles falam?". Em suas diversas outras narrativas sobre essa viagem, sempre enfatizava ter encontrado bichos que eram gente, que catavam piolho, que preparavam cama. Se sabiam que diversos animais eram de fato gente, pois os xamãs sempre falavam sobre isso, e Paletó havia ele mesmo tido uma sogra onça, jamais os tinham visto agir como gente em sua forma animal, como estavam vendo ali. Era esse o inusitado do acontecimento, e não o reconhecimento das tênues fronteiras entre humanidade e animalidade, que a sua fala parecia ressaltar. Paletó concluiu esse trecho da narrativa com uma observação importante: "Voltamos e a comida estava pronta. Comemos. Comíamos muito. Comemos muita galinha. Não passamos nenhuma fome".

Paletó se lembra que Evanir foi então embora, assim como Gabriel, filho de treze anos do Beto, que estava passando uns dias conosco. Naquele dia, ele conta, "fomos nadar com

Gabriel, o outro filho dele, com outra mulher. É crescido. Tenho uma foto dele, com o pai".

No dia seguinte, outro passeio: "Nós não nos sentávamos [não ficávamos parados]!", disse Paletó.

> Vamos ver a casa estranha no alto! Chegamos, pagamos. Entramos numa casinha que balançava muito, oscilava para frente e para trás. Parecia que ia se partir. Aparecida me pegou pelo braço. Não tinham medo de que se partisse. Chegamos no alto. Vimos os carros lá embaixo, muito pequenos, pareciam tartarugas para mim. As pessoas pareciam crianças pequenas. Vamos agora para o alto mesmo! Havia um outro cipó que levava para lá. Subimos. Alto, alto de verdade.

Estávamos no Pão de Açúcar. Paletó diz que foi naquele momento que o seu medo acabou, que passou a respirar bem na cidade.

A ida ao Corcovado foi bem menos emocionante, pois naquele tempo se ia de carro até o alto: "Vamos passear! Vamos onde fica Deus! Tem a foto. Subimos no alto mesmo. Entramos nas nuvens. Era como se fosse pequeno, eu pensei à toa. Era muito alto". Na última vez que fomos lá, em 2012, acompanhados de André, mal-humorado por estar naquele programa de turista, levaram como lembrança uma caneca com a foto dos dois. Dessa vez, a imagem não ficou com os brancos, como no prato em que o vendedor, no alto do Pão de Açúcar, sem autorização, havia impresso a foto deles para persuadi-los a comprar.

Alguns dias depois, levei-os para conhecer o Museu Nacional, onde trabalho hoje e onde, na época, era estudante de doutorado em antropologia social. Duas coisas os impressionaram: a múmia e os ossos humanos guardados em gavetas de madeira no saguão de entrada para algumas das salas dos professores (hoje, ficam ao lado da minha sala).

Vamos ver os ossos dos mortos! Vimos onde estavam os crânios dos mortos. Muitas cabeças de mortos. Tomei um susto, quis chorar. Se tivesse alguém para pegar as cabeças desses mortos! Vimos um cadáver muito antigo, coberto por papel [múmia]. Enrolaram ele e deitaram. Era o corpo de verdade, não era o duplo. Gente de verdade. Careca, com a pele da cabeça rasgada. Não era cabeça de macaco, mas de Wari'. Os pés estavam lá, a pele da cabeça. Por que vocês não têm pena? É ali que esta [referindo-se a mim] escreve.

Na saída, disse que o dinheiro que eu dei para o guardador de carros era para pagar a cabeça dele, que depois iria ficar nas gavetas do Museu.

23.
O povo escorregadio
e a grande televisão

A narrativa de Paletó segue em paralelo às minhas notas no caderno. Fomos a um concerto de orquestra na Sala Cecília Meireles e Paletó encantou-se com o maestro, que ele chamou de chefe. Dizia o tempo todo que ele é quem sabia tudo. Quando saímos, vimos que tinha caído um temporal, e as ruas estavam cheias de água. Tivemos que andar pelos muros dos prédios, agarrados nas grades, e na água embaixo víamos as sujeiras flutuando. Como resumiu Paletó: "Do buraco, não ouvimos a chuva; a água subiu, subiu. Tinha cocô flutuando. Ela dizia que ia vomitar. Gritamos por causa do cocô podre na água".

De uma visita ao Maracanã, onde viram o lugar de onde saía a "imagem da voz [do locutor]" no rádio, seguimos para o Maracanãzinho, para ver um show chamado *Holiday on Ice*, de atores-patinadores do gelo.

"Vamos no pequeno Maracanã", disse Aparecida. Beto ficou. Pagamos, sentamos. Sentem-se aqui. Escorregavam. Sei lá. Como não morrem? Como vivem? Têm sapatos estranhos. Correm. Tinha gente dentro de tronco velho coberto com folhas. E então veio aquele que era realmente danado. Levantou o pé da mulher. Rodaram juntos. Correram juntos. Uma parte do corpo de um escorregava para dentro do corpo do outro. Gostamos de ver o branco sendo estranho.

No Tivoli Parque, que ficava na Lagoa, onde hoje é o Parque dos Patins: "Vamos passear, vamos ver o trem!". Paletó impressionou-se com a montanha-russa, que ele viu de fora, pois só Abrão teve coragem de entrar:

> Sobe e quando está no alto, a cabeça se volta para baixo e desce. Como as pessoas não morrem? Se vocês, velhos metidos [dirigindo-se aos seus conterrâneos], subissem lá, morreriam. Não sou metido à toa, e por isso não morri. Vi nosso filho de cabeça para baixo. Abrão chorou. Francisco brincava no pequeno carrossel. Entramos no avião estranho, que rodava, rodava. Meus olhos ficaram tontos. A tontura me pegou! Beto disse: "Vamos no que escorrega". "Está bem", eu disse. Tobogã. Esperamos os que subiam. Subimos e chegamos no alto. Havia muitos ferros que desciam. Escorrega muito. Era muito alto. A terra ficava lá embaixo. Beto falou: "Segura firme!". Mas ele logo escorregou. Eu tentei me segurar, mas escorreguei também.

E ainda a primeira sessão de cinema. Foram com Beto e seu filho Gabriel ver um filme de caubói. Paletó ficou impressionado que dentro do cinema se fez noite completamente, e depois, lá fora, era dia. "Era muito escuro, por isso achamos que íamos morrer. Apareceram os duplos [imagens] dos brancos, o duplo do vento. Por isso achamos que íamos morrer." Na volta, ao chegar em casa, Paletó disse estar sentindo muito frio. Fui saber que o filme se passava em um lugar frio e com muito vento, e que Paletó dissera, no meio do filme, que estava com muito frio. Assim que chegou, deitou-se, enrolou-se na coberta e só saiu de seu silêncio para me dizer que, quando Francisco crescesse, eu não deveria deixá-lo ir para o Exército para que não o matassem.

Era interessante a relação dos Wari' com a televisão, pois desconheciam totalmente a ideia de uma ficção com imagens.

No momento em que veem imagens, corpos, para eles a coisa está de fato acontecendo. Quando, no fim dos anos 1990, instalaram uma televisão em uma casa coletiva no posto Rio Negro-Ocaia, acompanhei os Wari' em suas descobertas e questões. Lembro-me que, em janeiro de 2002, havia uma novela, *O clone*, na qual a protagonista se chamava Jade. Muitas vezes eles me perguntaram se eu a conhecia (não a atriz, mas a personagem) e se a encontrava no Rio. Procurei diversas vezes explicar a eles que aquelas pessoas estudavam as suas falas em papéis, e que as repetiam diante de uma câmera de filmar. Mas não pareciam compreender. Um dia, vendo a novela com eles, vi surgir a oportunidade perfeita para explicar-lhes. Uma mulher, que no capítulo do dia anterior tinha uma pequena barriga de gravidez, surgia naquela noite com um barrigão. Eu então disse a eles: "Vejam isso! Como uma barriga poderia crescer assim de um dia para o outro se fosse de verdade?". Imediatamente uma mulher respondeu: "Você pensa que nós não sabemos que vocês, brancos, têm remédio para tudo? Com certeza têm também um para a barriga crescer rápido". Em casa, vendo televisão, ria das observações muito pertinentes, mas inusitadas, de Paletó. Diante de desenhos animados japoneses, com muitas lutas, Paletó comentou que não gostava de vê-los, porque tinha pena dos duplos deles (que lutavam tanto). E depois me perguntou: "Eles não param para comer?". Outro dia, depois de ver com o Francisco um programa matinal na televisão, observou que não gostava da Xuxa, porque ela falava sempre de lado, e que achava muito estranho que se tratasse um pedaço de borracha (as bonecas das propagandas) como filhos.

Vinte anos mais tarde, em dezembro de 2012, André os levou ao cinema para ver *As aventuras de Py*. Embora nesse momento já estivessem acostumados com a televisão, presente em muitas casas no rio Negro, um filme em 3D era algo completamente inusitado. André me contou que Paletó várias vezes tirou os óculos assustado, e que, quando o tigre pulava sobre Py, ele se abaixava e se protegia atrás do encosto da cadeira da frente.

Nessa última vinda aqui, pediram-me que os levasse para visitar a TV Globo. Sem conhecer ninguém que trabalhasse ali, lembrei-me de um colega de doutorado, que era roteirista de um programa da emissora. Gentil, ele me colocou em contato com a equipe do programa, que não só nos convidou a visitá-los como enviou um carro para nos buscar. Ao chegarmos, havia um camarim com a legenda "antropóloga e índios", superconfortável, com sofá, água e café, e um camareiro que nos perguntou se queríamos que passassem as nossas roupas. Paletó usava um paletó de linho preto do Francisco. Fomos almoçar em um refeitório cheio de artistas e, sentada ao lado de Paletó, tive várias vezes que conter meu riso por seus comentários. Assim, ao servirem-nos musse de maracujá, Paletó me disse, em wari', que aquilo parecia porra, ao mesmo tempo que as pessoas, ao lado, me perguntavam se ele estava gostando. Fomos levados em um carrinho elétrico aos cenários das novelas, e ficamos, os três, perplexos com a qualidade das imitações dos objetos: pães, bolos e até cocô de cavalo, de uma novela de época, que, nos contaram, era feito com folhas de chá. Vimos a filmagem de uma cena e seguimos para um programa ao vivo, onde havia muita música e dançarinos com pouca roupa. O ar condicionado gelado não permitiu que ficássemos muito tempo, pois Paletó começou a sentir frio. O motorista nos esperava na porta.

Paletó encenando o canibalismo funerário com um boneco, na casa do Beto em Itacoatiara, 2009.

24.
Fazendo parentes

A primeira pessoa de minha família do Rio que Paletó conheceu foi meu avô materno, Manoel. Com noventa anos, e os pulmões comprometidos, ele estava deitado em sua casa na rua Santa Clara, em Copacabana, em um leito hospitalar, com tubos de plástico que levavam o oxigênio ao seu nariz. Mantinha, entretanto, o bom humor de sempre, e quis conhecer os Wari' e conversar com eles. Sentamo-nos, eu, Paletó e Abrão em cadeiras ao lado da sua cama, que foi elevada para que ele ficasse sentado. Vovô, que foi como Paletó o chamou, contou a eles sobre a sua infância no interior do Maranhão, sobre a plantação de mandioca do seu pai, que tinha que ser vigiada para não ser visitada por caititus e sobre a disputa de seus seis ou sete irmãos pelo doce de goiaba feito pela mãe. Paletó gostou demais da conversa, que eu traduzia para ele. Então, sem hesitar, perguntou se ele sonhava com a minha avó, falecida havia dois anos. Diante da resposta negativa, Paletó disse a ele: "Então você não vai morrer agora!". Meu avô parece ter gostado da previsão e eu lhe expliquei que, para os Wari', os parentes próximos mortos costumam vir em sonhos chamar o doente para acompanhá-los.

Alguns dias depois fomos convidados a almoçar na casa de meus pais. Eles gostaram muito da sala ampla, que Paletó elogiou assim: "É longe, parece terra mesmo". Logo notou que eu era a mais alta da família e observou que as moças wari' que são desvirginadas mais tarde crescem mais; aquelas que são "furadas à toa" não crescem muito. Ficou impressionado com o fato de minha mãe cozinhar peixe em panela de barro (uma moqueca) e disse para o Beto: "Pensei que a sua sogra não fosse Wari'". A comida muito quente nos fez suar e Paletó comentou que estávamos como os matadores. Achei que a comparação tivesse relação com o fato de comermos com garfos, com a mesma delicadeza dos matadores em reclusão, que comem com pauzinhos para não sujar as mãos. "Não", ele me diz, "não é só por isso. É porque os matadores bebem chicha quente, para suar." Comeu-se muito e, para a surpresa dos meus pais, Paletó saiu da mesa e se deitou no chão da sala, para descansar.

Nesse mesmo dia, meu pai Hélio deu a Paletó um boné preto reluzente, que ele imediatamente vestiu e lhe agradeceu chamando-o de irmão mais velho. O boné foi, inacreditavelmente, roubado nesse mesmo dia. Assim ele contou na gravação:

> O pai dela me deu o chapéu que um americano havia dado para ele. Comemos. Vamos passear! Se eu tivesse deixado o meu chapéu. Eu o vesti e ele desapareceu rápido. Fomos com Beto. Eu andava um pouco separado do Beto e do Abrão e um homem passou de bicicleta, bateu na minha cabeça e levou o chapéu. Beto gritou: "Levaram o chapéu dele! Para onde foi?". "Foi por ali!" Eu ainda desgosto desse branco. Queria tê-lo matado.

O chapéu se foi, mas a relação entre os dois irmãos já havia sido feita. Algumas semanas depois, na festa de Natal na casa de meus pais, cantamos músicas wari' do tipo *tamara* que havíamos ensaiado para a ocasião, por insistência de Paletó. Na falta do tradicional tambor de base de cerâmica recoberta de caucho, que nas festas dá ritmo à música, usamos um recipiente de sorvete de plástico, e uma colher de pau como baqueta. Paletó então chamou o seu irmão mais velho para dançar em linha, como fazem os Wari', e insistiu que ele tocasse o tambor. Jamais vou me esquecer da imagem dos dois dançando lado a lado, assim como de muitas outras, de outras visitas, em que meus pais, incapazes de se comunicar verbalmente, abraçavam-se e sentavam-se lado a lado.

Minha mãe e ele tinham um carinho especial um pelo outro, e tenho uma foto linda dos dois com os rostos colados, olhos fechados e sorrindo. Lembrança de um outro Natal, muitos anos depois, o mesmo em que, enternecida com a cena, fotografei André com a cabeça deitada em seu ombro e um dos braços envolvendo a sua cintura. Nela também ambos estão sorrindo e de olhos fechados. Usam bermudas xadrez idênticas, que haviam ganhado de presente. Naquele dia, os cabelos de Paletó estavam bem pretos, pois tínhamos passado a tarde da véspera pintando-os no meu banheiro, a seu pedido, com o tonalizante que ele me viu usando em meus cabelos. Sentado no bidê, comigo e Abrão de pé ao seu lado, ele exclamava que agora sim iria parecer jovem e atrair o olhar das moças. Da mesma época, tenho um filme em que Francisco, já rapaz, está deitado em uma rede com Paletó, cada qual com a cabeça para um lado, e cada um tocando a sua flauta, em dueto.

Foi no primeiro Natal, em 1992, que Paletó conheceu meu irmão mais novo, Dudu, Mônica, sua esposa, e Luiz, seu filho de um ano. Naquele Ano-Novo, Dudu e Mônica alugaram um apartamento em um hotel de frente para o mar, em Copacabana, e nos convidaram para festejarmos juntos. Descemos para a praia para ver os fogos, que naquele tempo saíam diretamente da areia, as oferendas e rituais religiosos. As travestis e os homens fantasiados de mulher chamaram a atenção de Paletó, que ia diretamente até os seios deles para tocá-los e ver se eram reais. Abrão o repreendia, dizendo que iam brigar com ele. Ele conta em sua narrativa:

Chegou o dia especial, Natal, em que dançamos. Vamos ver o fogo [fogos]! Comemos com o teu irmão. Vimos [na praia] a pequena canoa [oferenda indo para o mar]. Chegaram os crentes que tocavam música, os conterrâneos de Abílio [missionário]. Cantavam. Os que acreditavam, os que não acreditavam, ficavam em torno. Eles davam papel, deram para mim. Beto nos disse: "Esses são crentes". Nosso irmão Abílio mentiu dizendo que os crentes não dançavam. Abílio não queria que nós dançássemos. Ficou amarelo, ficou vermelho, pareciam flechas [os fogos]. Pou!!! Gostei. Nem posso dizer como são muitos os brancos! "Vamos ver os xamãs, a velha estranha", nos disseram. Fomos abrindo caminho no meio de muita gente. Nós nos segurávamos uns aos outros. Não vimos os que curavam os Wari'. Vimos só a nossa avó que imitava peru [ele imita, referindo-se a uma senhora possuída num ritual afro]. A mulher que fumava! Peguei nela, no braço. Ela me olhou estranhamente. Abrão me disse: "Não segure nos brancos porque eles ficam com raiva". A luz rodava. A mulher que comia tabaco rodava, rodava, tremia, como se estivesse com muito frio.

Paletó achava natural que aqui existissem xamãs também, com a diferença de que os animais que eles acompanhavam, em que seus duplos se transformavam, eram outros, animais daqui. O peru era um deles. Um dia, quando os levei comigo em minha aula de ioga, Paletó observou que aqueles que se dobram muito provavelmente não têm ossos. Quando lhe disse que Orlando, meu professor, que também ensinava uma técnica chamada bioginástica, com os movimentos dos animais, sabia rastejar, Paletó observou: "Provavelmente é xamã". Até eu fui considerada xamã quando, certo dia, no rio Negro, prontifiquei-me a fazer shiatsu em um homem que havia se machucado na floresta. Eu havia feito um curso e achei que poderia ajudar. Só não esperava que uma enorme quantidade de gente se reunisse ao meu redor, o que me deixou quase paralisada. Felizmente, parece que deu certo, e o homem sentiu algum alívio. Mas não me deixaram sair de lá antes que eu explicasse qual animal eu acompanhava. Eu não sabia, e deixei-os confabulando se eu era galinha ou vaca.

Muitos outros encontros entre esses meus parentes com histórias de vida tão diferentes aconteceram, e sempre me espantei como essas pessoas que não falavam uma língua comum pudessem se comunicar com tanto afeto. Desconfio que a minha família daqui é tão boa em fazer parentes como os Wari'. Dudu, Mônica e seus meninos receberam Paletó e Abrão em Brasília, e os levaram para passear e conhecer "a casa do Lula". Além da família, conheceram os meus amigos aqui, em encontros inusitados, em que pediam para aqueles que também trabalhavam com grupos indígenas falassem palavras naquela língua e cantassem. Riam muito ao ouvir, e Paletó sempre me falava de minha sorte em trabalhar com eles, que sabiam os nomes certos das coisas, que chamavam a lua de lua, e o sol de sol.

Em uma de suas noites no Rio, Paletó sonhou que estava capinando, abrindo uma pista de pouso bem grande no posto Rio Negro-Ocaia. Em pleno processo de análise, tive um surto pseudofreudiano, e escrevi em meu diário de campo: "Acho que ele sente que está abrindo a comunicação com o mundo exterior, com os brancos". De todo modo, era certo que estávamos nos aproximando, juntando as nossas aldeias, e nossa vida.

Ao despedir-se de mim na rodoviária, no final de sua primeira viagem, ele me abraçou e disse, referindo-se ao Francisco, que tinha dois anos: "Não desperdice o nosso menino. Não deixe ele subir em árvores. Cuidado com os carros, para que ele possa crescer".

25.
A despedida

Vamos pai, vamos pai!
Vamos pai, vamos pai!
Disse para mim a minha filha.
Nós fomos para o alto, alto mesmo. [*]

No início de dezembro de 2015 saí do Rio de Janeiro planejando ir para o rio Negro, uma viagem corrida após receber um aviso de Abrão pelo rádio dizendo que nosso pai não estava bem, pois havia desmaiado várias vezes. Imaginei ser um agravamento da doença de Parkinson, que o vinha debilitando gradativamente. Fazia um ano e meio que eu não o via, e a notícia de Abrão me deixou abalada.

Mesmo com pressa, não há meios de se chegar ao rio Negro em menos de dois dias. O voo, agora mais rápido do que em 1986, dura cinco horas, com somente uma escala, em Brasília. Chega-se a Porto Velho depois da meia-noite, e não há tempo para alcançar o último ônibus para Guajará-Mirim. Dessa vez, como sempre, segui de táxi para o Hotel Central, onde sou conhecida por gerentes e empregados, por hospedar-me ali há pelo menos vinte anos. Café da manhã (gosto dos bolos de lá), rodoviária e uma viagem de cinco horas para Guajará, onde sempre me esperam Preta ou sua filha Rafa.

---

[*] Música composta por Paletó sobre nossa visita ao Pão de Açúcar (Rio de Janeiro, 13 de dezembro de 2012).

No Hotel Mini Estrela, em Guajará, sou igualmente conhecida há exatos trinta anos. A dona do hotel e suas filhas sabem os meus quartos prediletos (dezesseis e dezessete), e assim que chego pedem notícias dos meninos. São quartos amplos, com chão de cerâmica, duas ou três camas de solteiro e uma de casal no mesmo quarto, ar-condicionado, banheiro e televisão. Meus meninos sempre gostaram demais desses quartos enormes, onde ficávamos os três juntos ao chegar à cidade ou ao voltar da aldeia. Lembro-me daquela vez em que voltei com André doente e do alívio que foi ter um banheiro e um ar-condicionado, além da disponibilidade de Gil, meu amigo médico, que mora ali perto. Nesse dia, quando voltei da rua, onde havia ido comprar o antibiótico receitado por Gil, encontrei o quarto repleto de nossos amigos wari' que estavam na cidade, dividindo as camas com os meninos e assistindo à televisão. Em uma outra estadia, por insistência dos Wari', que admiravam a sofisticação do paladar do meu filho mais jovem, trouxe da aldeia um braço de macaco assado, uma das iguarias prediletas do André desde pequeno, que passava horas retirando os pequenos bocados de carne de entre os dedinhos do macaco. Para manter a carne seca e evitar o apodrecimento, em uma tentativa de arremedo do moquém dos Wari', pedi à faxineira, então uma boliviana (estamos na fronteira com a Bolívia), com muito jeito e muitas explicações, que a colocasse para mim no forno por algum tempo. Qual foi a minha surpresa quando, em vez de uma cara de espanto diante do braço de macaco, deparei-me com olhos de cobiça, e com a exclamação: *"A mi también me gustan los monos"*.

A dona do hotel, Mercedes, e algumas vezes a faxineira costumam me emprestar as suas bicicletas durante o dia, pois se trata do meio de transporte mais utilizado na cidade. Nos idos de 1986, quando ainda estávamos muito longe das ciclovias pelas ruas das cidades do Brasil, Guajará tinha a sua, uma rua inteirinha dedicada às bicicletas, que cruzava a cidade de ponta a ponta, chegando ao porto principal do rio Mamoré, de onde se faz a travessia para a Bolívia e onde fica o museu da cidade.

"Onça-fone", em Guajará-Mirim.

Sempre gostei dessa cidade, conhecida como "Pérola do Mamoré", com suas ruas arborizadas, suas muitas praças e o museu na beira do rio que exibe desde jornais da época dos confrontos armados entre os seringueiros e os Wari', a exemplares da fauna, especialmente espécimes estranhos ou defeituosos, como fetos de duas cabeças. Perto do Natal, em 2015, ele estava todo enfeitado com luzes coloridas que reproduziam o perfil de animais como renas e ursos, bem ali no coração da Amazônia. As quedas de luz são ainda comuns, embora não tão frequentes como em 1986, quando ainda não havia eletricidade, e toda a cidade era iluminada por geradores. Bem ao lado do museu está o posto da alfândega, que examina as bagagens daqueles que chegam nos barcos da Bolívia, com lugar para cerca de vinte pessoas, com a bandeirinha do país pendurada no mastro. O caminho inverso, do Brasil para a Bolívia, só pode ser feito por barcos brasileiros, exatamente iguais, mas com a nossa bandeira. Assim os barcos chegam cheios e voltam vazios, nessa travessia que não dura mais do que quinze minutos, cortando transversalmente o rio Mamoré e ligando Guajará-Mirim à sua irmã estrangeira, Guayaramerín.

Depois de dois dias em Guajará, estava com tudo pronto para a viagem ao rio Negro: gasolina para a voadeira e o rancho (comida). Acordei bem cedo e, assim que abri a porta do quarto dezesseis do Mini Estrela, encontrei Abrão parado me esperando para dizer que havia chegado à noite com nosso pai, e que ele estava bem. Na verdade, toda a família havia descido para a cidade, planejando viajar até a aldeia Ribeirão, a que se tem acesso pela BR 364 e por estradas vicinais. Ribeirão seria naquela ocasião a sede da conferência bíblica, evento semestral organizado pelos missionários da New Tribes Mission — que teve sua vertente local renomeada como Missão Novas Tribos do Brasil —, que reúne um enorme contingente de pessoas, vindas das diferentes aldeias wari'.

Juntei a comida que havia comprado para levar, peguei um táxi e fui ao encontro de Paletó, que já me esperava. A casa, onde estavam todos hospedados, pertencia a um pastor local, que havia três anos cedia um quarto para os dois filhos adolescentes de Abrão, Jardison e Jackson, que estudavam na cidade. Longe do centro da cidade, a casa de alvenaria era bastante ampla, com um portão de ferro que dava para um pátio e uma varanda que margeava toda a parte interna da casa. Naqueles dias eles ocuparam dois quartos da casa. Uma população razoável distribuía-se entre eles: além dos dois rapazes, Paletó, To'o, Abrão e sua esposa Tem Xao, Aparecida, minha xará, filha de Abrão, seu marido e sua filhinha Tokohwet, e também várias outras crianças e adolescentes. O quarto em que dormiam Paletó e To'o era amplo, mas muito quente, especialmente por causa das telhas de Eternite que cobriam toda a casa. Tinha duas camas, muitas roupas espalhadas e uma televisão, que quando cheguei exibia um filme do Robocop. Sem janela, comunicava-se com o exterior por uma porta, que dava para a varanda e o pátio. De tanto calor, Paletó e To'o passavam quase todo o dia deitados sobre o chão de cimento vermelho da varanda, aproveitando uma eventual brisa. Foi ali que passei os meus últimos dias com ele.

Encontrei-o mais debilitado dessa última vez. As juntas estavam tão rígidas que ele não conseguia tirar os shorts, incapacitado de dobrar os joelhos. Ao me ver, começou a chorar e falar na melodia do canto fúnebre. Ele repetia que eu era sua filha de verdade e que ele estava muito fraco, mole, que não era mais a mesma pessoa. Ficava muito tempo com os olhos fechados, como que dormindo, e demorava a responder o que eu lhe perguntava. Volta e meia chorava outra vez.

Levei dois pequenos filmes no meu *tablet* para que ele visse. Em cada um, um de meus filhos dirigia-se a ele em wari', chamando-o de avô, e dizia que estava pensando nele. Sempre foram muito ligados, e, quando começou a ficar mais fraco, Paletó me pediu ao telefone que levasse Francisco e André para se despedirem dele. Dizia que os meninos deveriam seguir o meu trabalho entre os Wari', mas de uma forma peculiar: Francisco seria pastor, e André, diácono. Foi To'o, sua esposa, quem pegou *o tablet* de suas mãos e começou a conversar com os meninos, como se eles estivessem ali presentes. "André, André, sou eu, sua avó. Estou velha, estou fraca. Não consigo mais enxergar direito. Francisco, Francisco!" Quando Paletó segurou o *tablet*, disse apenas, a um deles: "Quando você vier aqui, não vou mais existir".

Depois disso, contaram-me as novidades, quem havia casado, quem havia morrido, as crianças nascidas. Sentávamos todos juntos no chão da varanda, bem pertinho uns dos outros, com as crianças em volta. Eu havia levado para eles vários alimentos que consideram iguarias, como frutas secas e granola. A cada ida e volta à cidade de bicicleta, comprava frango, peixe e sucos, e ajudava uma de suas netas a preparar as suas refeições. Quando eu ficava ausente mais tempo do que o normal, Paletó me aguardava ansioso, dizendo temer que eu tivesse sido atropelada. To'o me pareceu muito magra e desanimada naqueles dias, e só mais tarde soube que ela estava com tuberculose, o que veio a causar a sua morte menos de um ano depois.

Como todos se preparavam para ir à conferência bíblica no Ribeirão em uma caminhonete fretada, e consideravam a viagem muito pesada para os dois velhos, dispus-me a levá-los em um carro fechado, que consegui com a Funai em troca de combustível. Foi um dia memorável, que começou com um café da manhã no mercado da cidade, com bolo de aipim e bolo de leite na barraca de uma conhecida de minha amiga Luzia. Quando cheguei com o carro, dirigido por um motorista wari', Paletó me esperava pronto em sua casa, com seu melhor short e sua melhor camisa, sentado em uma cadeira de plástico. Tinha muita dificuldade em colocar chinelos, pois os seus dedos, muito abertos, não se moviam. Tentei comprar para ele um par de sapatos, ou chinelos que não fossem de dedo, mas não fui bem-sucedida nas diversas tentativas. Assim, levantamos os pés dele e enfiamos os chinelos para que ele entrasse no carro. To'o sentou-se no meio, e na outra janela o seu neto Jardison passou toda a viagem assistindo, em seu celular, a um clipe de uma dupla de cantoras, Simone e Simaria.

Havia uma multidão de Wari' no Ribeirão, e muitas barracas de camping espalhadas entre as casas ou armadas nas varandas destas. Seguimos diretamente para a casa onde Abrão e sua família estavam acampados. Paletó e To'o foram instalados em cadeiras, e logo começaram a chegar pessoas para cumprimentá-los e oferecer a eles algo de comer. Eu havia levado bolos, sanduíches e água, que logo foram consumidos. Era o intervalo de almoço da conferência, e ao longe se via uma enorme fila de pessoas com pratos e canecas nas mãos, esperando para serem servidas pelos cozinheiros atrás de grandes panelas de alumínio.

Paletó mostrou-se interessado em visitar o casal de missionários Valmir e Fátima, que vive ali. Como sua casa era um pouco distante, e nosso motorista havia saído com o carro para pescar, diante da abundância de motos por ali, pedi a dois rapazes que os levassem, cada um em uma garupa, entre o condutor e outra pessoa que servisse de amparo para as costas. E assim foram. Na movimentada casa estavam não somente o casal, mas outros missionários, dentre eles Teresa, que viveu no rio Negro por anos, e conhecia bem os dois. Sentamo-nos todos em um sofá e em poltronas, e conversamos em wari', idioma bem conhecido dos missionários, que trabalham justamente com a tradução dos livros bíblicos. Contaram as novidades, cantaram hinos e, ao final, rezaram com as mãos dadas.

Dali fomos para a igreja, que ficava bem ao lado, e para onde as pessoas seguiam após o almoço. Lá resolveram sentar Paletó e To'o lado a lado, em um banco logo à frente do púlpito, voltado para o corredor de entrada. Deram a Paletó o microfone e ele cantou hinos. Depois, organizou-se uma fila de cumprimentos, onde cada pessoa se aproximava deles, dava um aperto de mãos no estilo ocidental (bem fraco, do tipo que se costuma dar no interior do Brasil) e dizia algo bem baixo, em seus ouvidos. Orowao e A'ain Tot, filhas, esperavam a sua vez na fila, chorando, assim como Tokohwet, neta, filha de Orowao. Ao se aproximarem, abraçaram-se a eles e choraram com mais intensidade.

Finalizada a fila, cantaram-se hinos e eles foram levados para fora da igreja, insuportavelmente quente, e de volta à casa, onde esperamos a chegada do carro para voltar à cidade.

Espalhados pela aldeia, os muitos jovens e crianças reuniam-se em grupos por faixa etária e, como em uma escola ao ar livre, ouviam pregações dos missionários ou de outros Wari', que versavam sobre histórias bíblicas, mas eram também preleções morais. Alguns, desgarrados dos grupos, se divertiam com seus celulares e um aplicativo chamado "Show da Bíblia", que, com perguntas e respostas em múltipla escolha, mede os conhecimentos bíblicos do jogador, permitindo ou não que ele passe de fase: "Qual foi o lado que Jesus se sentou quando foi para o céu? ( ) direita ( ) esquerda ( ) cima ( ) baixo"; ou "Segundo Mateus 6:6, quando nós oramos em secreto Deus... ( ) Nos abominará ( ) Nos recompensará ( ) Não nos escutará ( ) Nos trará misericórdia".

Lembro que na viagem de volta, somente com Paletó, To'o e Abílio, o motorista wari', conversamos muito sobre questões de uso de linguagem. O motorista, sendo do subgrupo OroMon, como To'o, perguntava a ela sobre algumas palavras que hoje caíram em desuso e foram substituídas por outras. Eu e ele conversamos longamente sobre o uso do termo "parente", em português, muito comum como vocativo para qualquer indígena no contexto dos encontros envolvendo diferentes etnias. Todos os indígenas são chamados "parentes", enquanto os brancos são chamados pelo nome e referidos como não indígenas. Eu buscava saber como os Wari' traduziriam esse termo na sua língua. De fato, como Abílio confirmou, o significado é bem diferente do português, em que parente geralmente se refere a alguém com quem se tem relações genealógicas, aquelas que chamamos relações de sangue. Entre os Wari', e estou certa de que entre muitas das outras etnias, o termo parente em português serve justamente para se referir aos não parentes, àqueles para os quais não se tem termos de parentesco. Em uma conferência em Ji-Paraná, ouvi um rapaz da etnia Gavião começar o seu discurso assim: "Bom dia, parentes! Primeiramente eu quero agradecer a Deus". Não conseguimos achar um termo equivalente, pois mesmo os Wari' de outros subgrupos, chamados *tatirim*, "estrangeiros", não se adequariam a essa classificação, pois de algum modo se busca traçar relações de parentesco verdadeiras com eles, o que é sempre possível, dados os muitos casamentos entre pessoas de diferentes subgrupos. A questão não ficou resolvida.

Ao chegarmos à cidade, já de noite, após cerca de duas horas de viagem, paramos em uma venda para comprar um dos últimos frangos assados disponíveis, acompanhado de farofa, para o jantar deles. O dia seguinte seria o da nossa despedida, com a viagem deles de volta para a aldeia, na rabeta de Paulo, marido de sua filha Main. De manhã cedo, no porto, vim a saber que Main não poderia viajar antes de pesar e medir as suas crianças em um posto de saúde, de modo a garantir o recebimento da Bolsa Família. Voltei lá de tardezinha, e soube que Main e o marido haviam partido na rabeta, acompanhados dos seus filhos e de To'o, e que Paletó havia ficado.

A grande chata de seu sobrinho Awo Kamip, o pastor, pareceu-me a embarcação mais adequada para levá-lo, e negociei com o dono a inclusão desse novo passageiro em troca de gasolina. Fui então buscar Paletó em sua casa, acompanhado da neta, que ficou para cuidar dele. Instalei-o em uma rede armada dentro do barco, e dei em suas mãos um outro frango assado, para que comesse durante a viagem. Não conseguia sair do barco, temendo que fosse a última vez que o via. De fato foi. Abrão, vendo minha agonia, disse o que eu deveria dizer a ele: "Eu já vou; deixo você ir".

Paletó e eu, 2012.

créditos das imagens
Beto Barcellos [pp. 28, 29, 32, 34, 38, 90, 163]
Arquivo da Diocese de Guajará-Mirim [p. 130a]
Revista *Lettre d'Amazonie* n.33, 1970 [p. 130b]
Gilles de Catheu [p. 145]
Carlos Fausto [p. 197]

As outras imagens do livro pertencem
ao arquivo particular da autora.

epígrafe
Patti Smith em entrevista para "Democracy Now"
sobre a escrita de *Só garotos*:
*"I felt that writing is almost like you make these people flesh
again. You bring them back in a way that other people can
know them and know them as human beings".*

© Aparecida Vilaça, 2018

Todos os direitos desta edição reservados à Todavia.

Grafia atualizada segundo o Acordo Ortográfico da Língua
Portuguesa de 1990, que entrou em vigor no Brasil em 2009.

capa
Vini Marson
foto de capa
Aparecida Vilaça
preparação
Manoela Sawitzki
revisão
Débora Donadel
Valquiria Della Pozza
composição
Manu Vasconcelos

Dados Internacionais de Catalogação na Publicação (CIP)
——
Vilaça, Aparecida (1958-)
Paletó e eu: memórias de meu pai
indígena: Aparecida Vilaça
São Paulo: Todavia, 1ª ed., 2018
200 páginas

ISBN 978-85-88808-01-0

1. Memórias 2. Ensaio 3. Indígena 4. Wari'
5. Etnografia I. Título

CDD 869.4
——
Índice para catálogo sistemático:
1. Memórias: ensaio 869.4

todavia
Rua Luís Anhaia, 44
05433.020 São Paulo SP
T. 55 11. 3094 0500
www.todavialivros.com.br

fonte
Register*
papel
Munken print cream
80 g/m²
impressão
Geográfica